你要好好的

紫嚴導師 著

目錄

目　錄

作者序

過去、現在、未來，我們都要「好好的」

愛，能跨越物質、距離限制，是人與人之間的一道橋梁，透過愛，將各自看似獨立的內心世界串連在一起。

愛，勝過任何言語和文字，具有神奇力量，能夠包容、接納一切。

愛，能跨越時空，以各種形式呈現，彼此前世的約定，透過今生再次相遇，延續美好幸福。

「好好的」，是如此平凡而簡單的三個字，裡頭卻蘊藏著細數不清的掛念，細數不完的請託，細數不盡的祝福。更多時候是深切的關心，把未曾顯露的真正心意，全都濃縮在簡短的三個字裡。

好好的，有時是一種愛的期許，期盼對方能幸福、能快樂、能平安、能健康、能滿足，能變得更好，能做自己喜歡的事，更重要的是能讓我們放心，哪怕世界再怎麼變化，即便遭逢各種困難，都希望對方能夠安好。

好好的，亦是一種愛的憐惜，希望給對方溫暖，給對方呵護，給對方照料，給對方肯定，給對方安慰。無論何時，我們都願意獻出肩膀給對方依靠，儘管再怎麼無助，背後仍有著我們的支持守護。

好好的，是愛的無私展現，傳達出最堅定的溫柔，是烙印在心底的刻骨銘心，涵蓋了深厚的情感，卻輕描淡寫化作一句：「你要好好的。」

其實，你我終希望，身旁的每個人都各自「好好的」。

許多人對父親的印象是如高山一樣巍峨，似參天大樹般挺拔，像大海一樣廣闊無垠，抑或如書本般蘊含深邃的人生哲理。對母親印象則是如絢麗多姿的彩色寶石，是灌溉心靈的雨露，是滋養生命的沃土，亦是美化家庭意象的斑斕彩虹。世界上任何一種奉獻，都無法與博大無私的雙親之愛相媲美。

隨著歲月流逝，我們日漸長大，直到瞥見雙親的白髮，才驚覺父母已經年邁。當父母老去，我們同時也在經歷失去，見證到生命的無常變化。身為女兒的人，多半必須面臨不同的人生階段，離開承載童年回憶的原生家庭，告別這片再熟悉不過的沃土，揮別倚靠已久的參天大樹。某一天，原本溫暖的「家」就要改口成了「娘家」，即將與父母道別嫁作人妻。

看似無堅不摧的父母親，有一種脆弱的心情發生在「嫁女兒」這件事上。人人都說：「女兒永遠是父親的小公主，是母親的心頭肉。」辛辛苦苦養大的女兒，從出嫁那天起總覺得就屬於別人家了。因此，父母在嫁女兒前的心情總是悲喜交集。如果說母親嫁女兒的心情是顯露於外，父親則多半選擇沉默無言，將心情隱藏在內，唯有送女兒坐上結婚禮車那一刻才不得不意識到：細心呵護多年的寶貝，終究要離家了！

披掛大紅彩帶的禮車內，坐著身穿白紗的女兒和西裝筆挺的女婿，新娘父親站在禮車旁，回想起女兒小時候總愛繞著自己打轉，時而調皮、時而撒嬌，偶爾惹人生氣，有時又讓人開心，高興時會雀躍跳舞，難過時則嚎啕大哭。而如今那個小跟班、小不點，才一眨眼時間就要嫁作人妻……陷入回憶的父親，在沉默中悲喜交至，一方面喜悅著女兒能有個好歸宿，一方面卻又不捨心肝寶貝就這麼離開身邊，更掛念著離巢的孩子能否適應未來生活。

百感交集中，新娘父親將手伸進車窗、緊緊握住女婿的手，以懇切眼神示意深厚的託付；新娘則透過車窗，哽咽對著父母說：「爸、媽，我真的好愛您們！您們一定要好好的！」

當鞭炮聲響起，禮車準備駛離，新娘父親這才鬆開了女婿的手。最後，再以不捨的眼神送別自己的女兒。

隨著禮車向前行進，佇足在原地的父親背影，顯得格外孤單蒼涼。等禮車駛遠後，獨自走到了僻靜的角落，忍不住潸然淚下、放聲痛哭。

他回想起人生中對女兒的放手：第一次放開女兒的手，是她步履蹣跚學走路的時候，當時內心滿是喜悅和感動；第二次放手，則是女兒出國求學準備踏出國門時，心中滿懷期盼，希望孩子學有所成。如今，是第三次的放手，把疼了一輩子的心頭肉交到另一個人手中，內心除了祝福以外，還有更多的是……不捨。

萬般的掛念，讓新娘父母眼淚不停地在眼眶裡打轉，衷心盼望女兒能幸福快樂、永遠好好的；坐在禮車上的新娘，則在心底深深祝福爸媽身體健康、平安無憂，未來一切都能好好的。

迎娶的過程從感動到喜悅，兒女從單身進入到兩人世界，這般的幸福，牽繫起兩個家庭締結為親家，家人之間的愛，更在其中表露無遺。彼此心底懷抱著「你一定要好好的」般切盼望，是「愛」的泉源，澆灌著全家每一位成員，維繫著所有人的情感，蘊含了一切的祝福與期許，所愛的家人們都各自好好的，那便是世上最圓滿的願望。

人的一生從呱呱墜地、牙牙學語，到日漸茁壯、成家立業，而後邁入遲暮之年、日薄西山，一路上，我們會與許多人相遇、別離。每到不得不放手的時刻，如一段關係結束、孩子離巢獨立振翅高飛、摯愛的親人離世，或看見心愛的人陷入挫折苦痛，內心除了不捨，更伴隨著「你要好好的」這份心念。

完成求學階段，即將成為社會新鮮人，對未來滿懷憧憬的你，在畢業典禮那天，和在學校一起歡笑、哭泣，留下許多青春回憶的知心好友與同學，興奮地將學士帽拋向空中，相互擁抱、祝福，朝下一段旅程邁步出發，希望大家都能好好的，找到發揮所長的工作，實現彼此的理想。

與戀人從相識、相戀到分開，經歷了初遇時的悸動、熱戀期的甜蜜、相伴相守的幸福與別離的苦澀椎心，隨著時間過去，內心的波瀾糾結逐漸平息，事過境遷回首時，那些深埋的遺憾、掛念已經淡去，只留下釋然的祝福，但願曾經深愛過的那個人，一切都好。

在任何關係裡，你能影響他人，他人也能夠影響你。所以，唯有你快樂了，別人才能被你感染、跟著快樂；唯有你幸福了，別人也得以跟著幸福，打從心底感受到甜蜜；唯有你好好的，別人才能放下心來好好的。

好好的，是把自己照顧好，身旁的人也各自把自己照顧得很好，這份「安心」才是真正都好好的。

然而，先照顧好自己並不容易，就跟「愛」一樣，在給予他人之前，應該要先給予「自己」。唯有你很好，才有能力和餘力去照顧、關愛其他人。即使這個道理我們都知曉，卻仍在無意中將順序錯置顛倒，把愛先給予了他人，卻漠視自身的狀態與感受，從不關注自己內心的枯竭也不知道該如何停止，持續在「我是為你好」、「這麼做全是為了你」的執著中打轉，甚至介入他人的生命課題，衍生出更多的誤會紛擾。先照顧好自己，就好比有資格教導尚未取得駕照的新手之前，必須先擁有駕照及多年駕駛經驗，否則毫無能力分享給對方正確的行車知識。所以，在愛別人之前，必須先愛自己，在能照顧別人之前，必須要先照顧好自己。

從前世來到今生，每個人都帶著愛與累世的習題、試卷，透過彼此的約定藉由緣分為今生揭開序幕。我們猶如某個影視作品中的主角，擁有獨一無二的劇本，身歷其境演繹劇中人物的遭遇，面對不同的場景、情節、內容，歷經角色與角色之間的矛盾與轉折，直到最終迎向喜劇或悲劇結局，揭示出整部劇本的精髓和哲理，成為你千里迢迢來到今生的「體悟」。任何一種感受與回饋，都將洗滌你的心性，最終會發現：人生的意義在於活著的歷程，也是自我創造的過程，更是「自己遇見自己」的旅程。

這個世間很美，萬事萬物都在用獨有的方式綻放璀璨生命，專注詮釋屬於自己的劇本與角色，無論開始、過程到結束，始終不畏坎坷與曲折。

生活，從來都不容易。我們必須獨自面對那些難關及挑戰，也必須學會隱忍和承擔，但人們往往因為「過往」的羈絆而停止了耀眼，徘徊在那些從來不曾離去的故事和創傷裡，讓如今的自己在遍體鱗傷中斑駁褪色。或許不少人會勸說：「過去都已過去了，早已不復存在。」事實上我們以為已經消逝的，始終未曾消逝，就像昨日沾染在衣服上的污漬不去清洗，時至今日也不可能自然消失，甚至擱置一段時日到了未來，污漬依舊是污漬，即使視若無睹也改變不了留有污漬的事實。所以，好好地照顧自己，好好地愛自己，不僅僅是外在和內在，更是在過去、現在、未來的每個時空裡。

已經過去的、曾以為消逝的，其實都未曾消逝，只是用另一種形式被保存下來。

從另一個角度觀察，屬於你的「過去」、「現在」、「未來」，每個時空劇情都是同步發生、同時上映，任何一個時間軸的「節點」，都足以影響前後情節的發展。生命，從來不是我們誤以為的絕對注定及不能改變。

《你要好好的》是我的第五本作品。雖然從小遠赴國外求學，中文詞藻程度或許仍停留在國小水準，但我一如既往地在無數深夜裡，一字字敲打著鍵盤，單純想用一本書，靜靜地說故事給你聽。盼望能透過文字，帶你穿梭每個真實事件，從現在回溯過去，深入其境與故事主角們一同經歷各個生命現場，一起穿越困境為迷惘人生尋找解方。而我，更希望陪伴著你一起走出「過去」的枷鎖，接受此刻的「現在」，進而邁向美好的「未來」。

愛，是那麼平凡卻又偉大，每一次不忍心的放手，都充滿著無限期許。愛，看似複雜其實如此簡單，一句：「你要好好的。」便囊括了所有的所有。

親愛的，好好地生活，好好地吃飯，好好地睡覺，好好地幸福，一切都會好好的，一生，都在「愛」裡好好的。

——紫嚴

第一章

千里迢迢，莫忘「初衷」

今生，我們的到來絕非偶然，而是一場「注定」。
每個遇見，是一份不變的初衷，是未完待續的緣分，
留待你我今生好好去完成。

人生路匆匆，相遇，來自一場約定

你，是鑲嵌在夜空中的星星，靜靜地，在漆黑夜幕綻放著屬於自己的光芒。

每個人出生於不同家庭，有些人生活在開放的民主家庭，也有人是在專制的威權家庭裡成長；其中又有大家庭、小家庭、雙親家庭、單親家庭或隔代教養、重組家庭之別，家庭氣氛或和睦、或幸福、或甜蜜、或緊張、或高壓，也有著父強母弱、母強父弱的差異。無論如何，原生家庭沒有所謂正常或不正常，只是每一種父母表達愛的方式不盡相同，因而形成了類型多元的家庭環境。

然而，在成長過程中被迫積極「趕路」，或許是不少人一出生之後的宿命。當我們還是個孩子時，一邊滿懷好奇向前探索這個世界，一邊必須回頭觀察、揣測父母的臉色；一邊被周遭親友指點、比較的同時，另一邊則不得不督促自己力求進步。從幼兒時期蹣跚學步開始，我們就被賦予了高度期待：趕快長大、趕快懂事、趕快上學，就學後又被要求成績表現卓越，趕著學習、趕著考試、趕著考上名校、趕著討好迎合他人；除此之外，在家還要順從體貼，在外要有教養、懂禮貌，讓雙親有面子。一路以來，我們在父母的寄望中成長，也背負著深厚寄望馬不停蹄地趕路……

你是否還記得小時候的往事？或許你和我相似，都出生在被寄予厚望、成長過程中得不斷趕路的威權家庭，從小到大有著數不完的家規，伴隨高壓式教育加上高標準要求，如果有能力考一百分，絕對沒有考九十八分的空間，必須要努力學習，取得優秀成績，成為所有人眼中的模範生，然後在升學考試時完美發揮，進入前幾大知名學府。父母親所做的決定，從來沒有可商議的餘地，即使你的志願和他們期望的目標相矛盾，他們的規劃就是你的未來，所能做的只有「使命必達」，才不辜負父母的養育之恩。

一場發生在十歲時的際遇，直到現在仍令我記憶猶新。或許你會感到不可思議，但對我來說，那是童年經歷再真實不過的事件，更潛移默化深遠影響著我的未來。

你，是否相信「命中注定」？如果所有的緣分，只是為了成就一場注定，你仍

否會相信？

時間回到十歲那年秋天，某個假日下午。我在雜貨店買了一包冬瓜茶飲，手握著亮銀色鋁箔袋，插上吸管後邊走邊喝準備返家。當時，小小身軀的我走在一整排高大的榕樹底下，經過一道道樹蔭，遍地枯黃落葉，紛紛揚揚地散落在人行道上。這層黃地毯隨風飄蕩，有意無意地透露出茂盛後的凋零，彷彿在暗示著什麼。我不由得停下腳步，抬頭仰望整排路樹，看著一片片落葉離開了樹梢，心頭猛然湧現一陣感觸：「不知何時，這些落葉才能歸根，重新回到深愛的大樹身邊？」

心底冒出淡淡的哀傷觸動了我，回想起早上出門前母親對我說：「我和你父親已經決定，等你國小畢業就送你出國求學，去哪個國家和學校都已經在安排了。」這段話對當時十歲的我來說多麼沉重。一想到被迫接受這項重大決定，壓抑不住的低潮情緒瞬間傾洩，感受到一陣落寞，一陣不捨，一陣無奈，一陣寂寥，猶如一根針，無情刺破了原本恣意盤旋的空飄氣球……紛亂的思緒，讓我分不清是眼前所見的秋日情景令人感傷，或是因為捨不得離開出生地而難過，整條道路瀰漫著離別的氣氛。秋風瑟瑟，枯黃落葉在空中紛飛，無可奈何地隨風飄散，我相信，令我傷感的不是季節，而是當下的心情。

踏著沉重的腳步，回到了家中坐在沙發上發楞看著客廳的擺設，是如此熟悉卻又陌生。我心裡明白，父母親一旦決定了某件事，必然沒有再次商榷的空間，但我捨不得離開從小居住的地方和熟識的朋友同學。或許，人生就像是一輛駛向遠方的列車，只是你永遠不知道自己會在哪一站下車，又會在哪一站上車，未成年之前總是父母說了算，被迫「趕路」是難以逃脫的宿命……

一想到這裡，陣陣感傷如海嘯般鋪天蓋地襲捲而來，心中的抗拒和無助來到最高點。再也無法壓抑情緒的我，放聲對著天花板吶喊：「我很痛苦！有沒有人可以救救我！」空無一人的家中，可想而知當然沒有任何回應。我無力地繼續呆坐在沙發上，突然想起去年九歲時發生的事件，腦海浮現那位曾經憑空出現，身著金黃色盔甲、蓄著長鬍且散發金光，莊嚴無比的中年男子身影。我靈機一動，稚氣地對著虛空再次吶喊：「金黃色盔甲阿伯，我可以求你嗎？能求求你嗎?!」不管我嘗試多少次，喊到聲音都沙啞了，仍然未能得到回應。

空蕩蕩的客廳雖然沒有發生任何事，我的情緒卻在幾次吶喊後平復下來，原本急促的呼吸、炙熱的體溫，也隨著心緒緩和逐漸回穩。皮膚上的汗珠迅速蒸散，全身變得乾爽，能感受到秋風吹拂帶來的涼意。此時，雙眼突然無法聚焦，眼前的景象左右分離，時而重疊時而分散，周遭環境的聲音也愈來愈遠，就像被移動到另一個完全無噪的空間裡。不一會兒，空氣中散發淡雅的原木香氣，剎那間身體無法動彈，此時我心裡並不驚慌，反而感到極度寧靜。

霎時，接近客廳天花板高度的上空，緩慢出現一團柔和又強烈的光暈，不斷向四周擴大蔓延，迸散出一道道金黃色、金紫色及銀白色的斑斕光束，同時伴隨著上百個小光點，忽上忽下飄浮，強光迅速照耀整個空間，讓眼前景象幾乎成了快要曝光過度的相片。不知經過多久，這片光暈的中心點出現了人形輪廓，乍看是一名男子向我走來。隨著他逐漸接近，輪廓也愈來愈清晰，只見男子頭部後方有著一圈圈同心圓交疊而成的七彩光環。而後，眼前站著一位身形高大面容慈祥，散發溫文爾雅氣質的老人。

我問：「你是……？」

老人持續微笑回應，並沒有回答。

我又說：「爸媽要我出國讀書，我不想，非常不想！」

老人帶著慈祥的神色說：「現實倘若無法逆轉，接受是最好的方法。」

當時我不太理解「接受」的意思，只是傻傻地注視著老人。

見我不發一語，老人轉換神態，以堅定又安慰的語氣對我說：「未來，無論遭遇到什麼，你都要好好的！」

聽完老人說的話，當下湧現一陣莫名的感動，讓我頻頻點頭。老人沒等我回應，隨即伸出右手輕輕摸了我的頭示意鼓勵。之後，隨著光暈迅速凝縮成一個點瞬間消逝後，老人也不見蹤影。

我回過神眨了眨眼，所見場景回到尚未發生事件前的客廳。反覆思索著剛才的經歷，是那麼真實又細膩，忍不住捏了自己的臉好幾下，確定不是睡著更不是作夢。再皺了皺鼻子聞了聞，周遭的氣味仍微微帶有一絲原木香氣，內心不斷臆測：這位老人到底是何方神聖？雖然素昧平生，卻讓我感到一見如故且無比地熟悉親近。

他離開了，但那句「未來，無論遭遇到什麼，你都要好好的！」在腦海中縈繞不去，讓我揮別原本負面的抗拒不安，內心的糾結化成一縷雲煙，飛出九霄雲外。心中那些隨風飄蕩的斑駁枯葉，彷彿被遼闊天地給容納了，不再無依無靠。第一次領悟到：**發生任何事毋須和現實打仗，先懂得順應，才有能力改變未來**。這段神奇的經歷，引領我的身心從焦躁轉為平靜，學會了安置情緒的能力，懂得如何「與現實相處」。

當時，我深深喜歡上這種安定狀態，更能勇敢接受父母親要我出國求學的安排，不再畏懼任何高壓教育、環境改變帶來的逆境，即使仍然需要繼續趕路，也逐漸懂得欣賞人生沿途的各種景致。經過這次事件後，對於「未來」內心多了一份「篤定」，無論遭遇任何逆境，我始終深信：**自己並不孤單，世間也沒有絕境，生命的一切冥冥中自有安排**。

每個人的生命歷程，不可能完全沒有創傷；人生，也不存在永遠的康莊大道，即使身處逆境之中，我們也不能輕易地心生絕望。老人所說的：「未來，無論遭遇到什麼，你都要好好的！」這句話陪伴我度過成長過程遭遇到的危機和挫折，在千鈞一髮之際，回想起這句話總能化險為夷，在跌跌撞撞、遍體鱗傷時，始終能發揮最強大的撫慰力量。

一炷心香洞府開，偃松皺澀半莓苔。
水清無底山如削，始有仙人騎鶴來。

——摘自唐代韓偓《仙山》

老人的真實身分，究竟是誰？

光陰荏苒，歲月如梭。轉眼間，昔日趕路的那個小孩如今長大了，雖然已經洞悉生命的來龍去脈，那日現身眼前的神祕老人，在我人生旅途中依舊扮演著舉足輕重的角色，是我成長階段至關重要的貴人。尤其那句話，更有如定海神針，時至今日，我對每位前來請益的人，都秉持著「未來，無論遭遇到什麼，你都要好好的！」這份心念作為初衷。因為，我清楚知道：

今生所有的相遇，來自於一場久別的約定。

你，是遨遊宇宙的「時空旅行者」

親愛的，再遙遠的夢想，即使默默地埋頭向前走，總有一天也能抵達。

你，正在人生旅途中趕著路嗎？
在這片無垠的晴空下，你過得好嗎？

是否曾質疑過，為何來到這個星球上？
今生的角色劇情，又是誰主導編撰的？
既然所有的相遇都是緣分，為何無法擁有真正的圓滿？
又是誰，在蔚藍蒼穹中遮蔽上一塊大黑幕，掩蓋了你所剩無幾的熱情？

匆匆地趕路，迷失的靈魂。日復一日，每個人都過著忙碌的生活，疲於奔命地追逐著認同，追逐著成功，追逐著健康，追逐著美食，追逐著好還要再更好。有人拚了命用努力去換取名利、地位；也有人用鄙視去掩飾內心的脆弱，遠離人群獨活。一個個匆忙趕路的身影，倘若丟失了原本自在佇足的靈魂，人生將變得十分沉重，會忘了自己到底是誰，而這般汲汲營營，又是為了誰？

這個世界做人不容易，為了生活，為了家人，為了生存，置身於複雜的社會，當中有著看不透的人心，放不下的掛念，捨不了的關係，讓你感到困惑不已。其實，會困惑是好事；困惑，是釋然的起點，一步步蓄積將來觸發生命蛻變的機緣，在未來的日子裡，或許是某個人，抑或是某個時間點，讓你突然從「糊塗」到了「明白」，你會發現：轉變命運的力量始終隱藏在「神識」的天賦裡，所有挫折和遭遇，最終都將淬鍊成深奧的智慧，一切的歷程原來都是自己的精心安排。

今生，我們的到來絕非偶然，而是一場「注定」。

你，是遨遊在浩瀚宇宙中的時空旅行者，化身投入到這個世界，扮演著不同角色。所有際遇皆是已經預先安排好的劇本，眼前的「角色」是你經歷漫長時間沉思後的揀擇，是神識所設計最合身的剪裁，是自我賞賜的最佳禮物，更是勇敢無畏的象徵。

因為，在你尚未來到這娑婆世界之前，早已預知每個即將來臨的「發生」，每一場的遇見，每一次的離別，每一滴的眼淚，每一次的委屈，每一次的溫暖，都囊括在你所編排的今生劇本當中。從序言到終章，無一不是歷經反覆修改增減後的作品，等待著你「再次到來」時，透過預定角色演繹出一部曠世巨作；透過預設的挫折，淬鍊出「我可以」的堅毅心智；透過世間的熙熙攘攘、來來去去，在皆為利往的環境中拾回本有的真心；透過相互約定的緣分，圓滿自己與他人的關係。**世界，就是神識前來經驗和歷練自己的一場相遇……**

你不是不夠好，只是不小心沉睡了、迷失了，忘卻了自己到來的初衷。

什麼是初衷？

「初衷」，是你開始一切的動機，是你完成一切的起點。少了初衷，就像缺水已久的乾枯花朵，再也無法綻放艷麗的姿態，失去活力，喪失了存在的意義與價值。當人失去初衷，就像一頭栽進沒有出口的迷宮裡，只是活著卻見不到未來。人的一生若能懷抱著初衷，在有限生命尋覓自己真正的價值，發掘自己的潛能與天賦，勇敢解鎖逆境，用心實踐自己，積極發揮才能貢獻社會，生命必定會愈加精采、動人而完整，最終，成為自己喜歡的模樣。

什麼是神識的初衷？

「神識初衷」，是你到來世間的動機，是你圓滿一切的起點。接納自己所撰寫的今生劇情，善待與你相遇的人，完成彼此的約定，扶助世間變得更美好，簡單來說，就是「**對自己好好的，對他人好好的，對環境好好的，讓你、我、他都能一樣好。**」在圓滿今生後，赴往下一趟高規格的旅程，抑或在「清醒」後所有角色皆劇終「殺青」，就此返回家鄉，回到靈性永恆的歸處。

或許你不解，為何許多人會在生命旅途中遺忘了初衷、迷失了方向？迷失方向的根本原因，在於永無休止地過度追逐欲望與持續迴避挫折，因而誤入歧途、失去方向。

倘若，人性與神識兩者的抉擇天差地遠時，再美好的情節也會演變成悲劇，或像驢子追著懸吊在眼前的紅蘿蔔一般，看得到卻吃不到，即使費盡心思得到了，也難以獲得真正的快樂。**唯有人性不違背自己神識的初衷，兩者之間達成共識，再艱難的事仍會出現轉機，你認為最不可能逆轉或改變的事，最終都可能往最好的方向發展甚至實現。**接下來，不妨讓我帶你走入一個個真實事件，一同發掘其中的奧妙。

「結局」早已預設，只待你堅定完成

時間回到一九九七年夏季的某一天。上午九點多，萬物朝氣蓬勃，我位於永和服務處的樓梯間傳來陣陣嘈雜人聲，意味著準備迎接忙碌的一天。九點三十分開啟大門後，人潮絡繹不絕紛紛湧入搶著領取號碼牌，再順著號碼次序排列成長長的隊伍。

當時請益者的隱私不如現在預約制來得完備，加上那個年代的人們好奇心重、愛湊熱鬧，通常我給予前幾位請益者的建議事項，口耳相傳到最後，在場的近百位等候者都會知曉。這天，手持號碼牌十一號的信眾開啟了「今生都是自己精心安排」的話題，引發眾人放下原本想請益的問題加入聆聽行列，後續甚至展開了一場別開生面的即興戶外對談。

十號先生愁眉不展地說：「導師，我今年的海外投資幾乎都以慘賠收場，如今已經無路可走，該如何是好？」

我反問他：「你知道為什麼你評估、看中的投資標的會一一慘賠嗎？」

十號先生面露後悔的表情說：「事後回想，源自於誤信朋友、草率評估與自信過度膨脹，導致虧損連連。」

我搖搖頭否定說：「你說的這些都不是主因。」

十號先生疑惑地問：「不然什麼才是呢？」

我答：「急功近利。」

十號先生沉思一會兒後，輕輕點著頭說：「我確實是急功近利，貪求眼前的獲益。

可是我真的噩運連連，最近內人對我大發雷霆堅持要提離婚，事業失敗以後接著還得面對妻離子散，下一步我該怎麼走？」

我安撫他說：「放心！你的妻子只是單純宣洩情緒，不可能真正簽字離婚。切記，你務必同理她多年來的犧牲與忍氣吞聲，那麼今生必定能相守一輩子。」

十號先生為難地說：「但內人已經正式向親朋好友宣告離婚的決定，不像是普通的發牢騷這麼簡單。」

我苦口婆心地勸說：「今生，你必須要放下一意孤行的大男人行徑，走入彼此心裡，如果能做到絕對不會離婚。」

十號先生不解地說：「導致離婚的癥結點是我一時糊塗投資失利，並不是大男人主義的問題。」

我說：「依我看來，你的妻子談離婚，只是多年積壓的委屈爆發，換個角度來說，是累積多世不滿後的大宣洩。追溯前世、再前世，你都未曾用心理解過她。如果你回去以後能大澈大悟、洗心革面，岳父會助你度過事業難關。」

十號先生沉默了一陣之後，說：「目前，確實只有我岳父才有能力及財力出手相助。」

我正色說道：「在你還未誕生到此世的久遠之前，與妻子曾彼此承諾再次來到世間後要相互扶持、不離不棄，這個『預設結局』攸關『神識初衷』，不能改變。假設背離了與妻子投生前的約定，今生你將會一敗塗地，無法東山再起。」

十號先生問：「什麼是預設結局？」

我答：「**以比喻來說，就是一部電影原定的最終結局，不能任意變動。一旦更動，會影響整部電影的精髓展現，甚至會黯然失色，淪為失敗之作。**」

十號先生思考以後問道：「這麼說來，我必須履行與內人的承諾，今生才能平步青雲？」

我提醒他說：「假使背離了神識初衷，違背夫妻之間的前世約定，勢必會失去岳父的支持，未來又怎麼可能平步青雲？」

十號先生點點頭說：「我明白了！如果我不去化解這次的婚姻危機，連同未來的事業也會毀於一旦，今生這部電影的結局勢必慘不忍睹。」

我說：「背離了約定，背離了初衷，未來只會逆境不斷。」

十號先生若有所思地說：「我現在面臨的苦楚，一方面來自於我對金錢的貪婪，另一方面又逃避妻子的情緒，不願意用心經營婚姻所導致，冀望事業能東山再起，卻又不想拉下臉拜託岳父協助。看來，我不得不面對自己的問題，實踐與內人的約定，才能讓家庭重拾和樂，事業獲得轉機。通達！我完全通達了！」

我說：「**接受，讓你走向更美好的未來。**」

此時，十號先生的助理拍了拍他肩膀，示意請益時間到了。他禮貌地起身離開座位站到一旁，靜靜聆聽我與下一位請益者的對話。緊接著，是手持十一號號碼牌的黃小姐，坐定位後，她遞給我一張父親生前的照片。

黃小姐問道：「導師，我想知道為什麼爸爸這麼早就離世？」

我看了照片後，回答說：「另一個世界需要他，所以先行離開了這裡。」

黃小姐略為激動地說：「我和媽媽也需要他，憑什麼說走就走？」

我說：「妳父親在世時熱心助人、性格純善，其他地方需要他成為當地的領導者。」

黃小姐眉宇間流露出淡淡的哀傷，說：「我爸爸確實在鄉里之間是出了名的大好人，但即使別的世界需要他，也不能這麼粗暴地奪走他呀！」

我說：「沒有人奪走他的生命，這一切在你們尚未出生前早已約定好。」

黃小姐訝異地說：「我怎麼可能同意這個約定？」

我說：「追溯妳還未誕生之前，已經和父親底定了今生的劇情與結局，彼此確認無誤後才投生再來。」

黃小姐問：「所以，我爸爸的離世也和剛才上一位先生一樣，是所謂的預設結局？」

我說：「對！你們約定好今生在有限的時間內學會珍惜、祝福與道別，這個結局已成事實無法改變。況且妳父親在另一個世界過得很好，妳也該試著好好地祝福爸爸。」

黃小姐反問：「如果我不願意接受這個結局呢？」

我答：「無法學會好好祝福與道別，就會飽受痛苦。」

聽我說完，黃小姐潸然淚下，低著頭難過地說：「對，我很痛苦！」

我安撫她說：「生命裡不是每個人都能陪伴我們一輩子，有些人會提早離開，有些人則會比我們晚走，正因為有了這些遺憾，才讓人們懂得珍惜。」

此時，黃小姐猛然抬頭、收起眼淚問道：「那我和母親之間也是約定好的嗎？」

我說：「對！妳們倆約定藉由雙方相似的性格，學習互相尊重。正因如此，今生肯定衝突、摩擦不斷。儘快從滿溢的負面情緒中寬恕對方、化解心結，情同姊妹將是妳們今生最後的預設結局。」

黃小姐驚訝地說：「情同姊妹？這太難了，幾乎是不可能的任務！」

我說：「妳們來到世間彼此立下的約定，是從前世的婆媳角色轉換為今生的母女角色，透過更親近的關係，釋懷前世造成的誤會。如果背離神識初衷，再小的事也能成為兩人的心結與情緒，在今生過程中不斷重複，直到回歸初衷。」

黃小姐問：「我們母女倆前世是互動很差的婆媳關係嗎？」

我說：「對！今生由延續前世的互動狀態為開始，以至於從妳小時候起，母女之間的關係就不和睦，但這只是『過程』而不會是最後的『結局』。」

黃小姐問：「如果，我不接受神識初衷的設定呢？」

我答：「妳與母親曾經在天上的神識，共同立下了情同姊妹的約定，也是兩位再次來到人間的『初衷』。**若不朝向這個結局發展，原本的喜劇收場反而會演變成一齣遺憾劇。**」

黃小姐倔強地說：「我才不會遺憾。」

我反問道：「假設，只是個假設，待會妳回到家中，發現母親倒臥在浴室早已氣絕身亡。試想看看，妳確定不會遺憾嗎？」

黃小姐不發一語一陣子過後，放鬆了原本緊繃的雙肩，姿態也軟化下來，點點頭說：「或許吧！我明白該如何修補跟母親之間的關係了！」

好好地道別……

想起那個人了，每次想起，總忍不住浮現陣陣痛苦與懊悔，
為什麼你走了，卻讓我獨自面對傷痛，在心中遺留下深刻的烙印……

你投入，才會如此悲傷，
你深愛，才會無法割捨，
不願接受的事實，就讓自己好好地難過，
持續陪伴著自己，從痛苦中再次好好的。

相遇不易，永恆太難。有些人的到來，雖然彼此兩情相悅、情深意濃，走著走著不知不覺卻走散了、離去了，禁不起歲月的流轉變遷，塵埃落去，最後物是人非。

是緣分，讓對方走進了你的世界，即使相知相守歷經千迴百轉，是緣盡，讓他雲淡風輕地離去。我們都是彼此生命裡的過客，更是短暫陪伴人生某一段旅程的同行者，與其留戀不捨，不如坦然面對。大多數的人，在我們的生命裡只有暫時的交集，匆匆地來，匆匆地走，到最後依舊各奔東西。人世無常，聚散離合，有些人注定要走，你毋須挽留，也留不住。

關於愛情，當愛上一個人，以為從此會牽手到老相愛一輩子，海枯石爛，此情永不渝，怎知，才一轉眼間竟全都變了。人與人之間，要陪伴彼此一輩子天長地久並不容易，或許你會問：「如果他注定要走，為何又要闖入我的生命裡，讓我空歡喜一場呢？」

其實，他並沒有讓你空歡喜，而是在成長路上教會你某些事，上了一堂寶貴的課。他讓你體驗到小鹿亂撞的欣喜，臉紅心跳的悸動，領略到愛的體貼與溫柔，給了你最美好的愛情，體驗到全心全意付出的甘之如飴，最後，再教會你如何離別和遺忘。往後的日子，你有屬於自己的天空，他有屬於他的天地，各自安好。無論你在愛情裡學到了什麼，都將成為人生的一種幸運。有時，對方就像是旅途中的一輪明月，即使遠在天邊不再靠近你，卻仍舊默默守護照耀著你。

此外，包括親人、朋友，也不一定能陪伴你走到最後，但他們必然用屬於自己的方式，給予你關心和愛護，讓你成為更好的自己。

關於親情，小時候被爸媽擁在懷裡，聽著他們的心跳，感受他們的體溫，教會了你何謂無條件的愛。當你生病時，盡力呵護你，當你遇到挫折時，給你支持與鼓勵，當你驕傲自滿時，給你當頭棒喝的提醒，用無微不至的照顧，用不求回報的奉獻，來延續這份血脈相承的親情。

關於友情，在人生不同階段相遇，彼此在許多重要時刻一起經歷，也許是開懷大笑或崩潰大哭，這些片段都將收藏在記憶的盒子裡。他們教會你在困難時如何互助合作，教會你分享和陪伴。曾經，有多少的歡樂時光，我們都以為當下即是永恆，這份友誼也將長存一輩子，但物換星移、人生無常，當陪你走一段路的人要離開時，即使再不捨也要心存感激。

分離，是為了再次遇見。

我們只是在某個特定的時空相逢，在這時空中經歷開始，交集，結束之後，再等待下一次的開始。

當離別時刻來臨，也許是分手收場，也許是不歡而散，也許是生命消逝，懂得如何結束，比起相遇來得更加困難。但毋須為他們的離開而傷感，因為，分離是生命歷程的「必然」，他們的出現，帶給你不同的影響，進而成為你生命裡的一部分，帶著這份影響走下去，讓他們在未來漫長的歲月裡，繼續默默地守護著你。他們未曾離開，如同太陽高照時依然存在於萬里晴空中的星星，它們並沒有消失，只是你見不著，但它一直都在，只是換了另一種形式，繼續陪伴著你，始終給予你勇敢和力量，讓你無所畏懼地前進。別總是在原地徘徊，好好揮手道別，你，也該開始嶄新的旅程了。

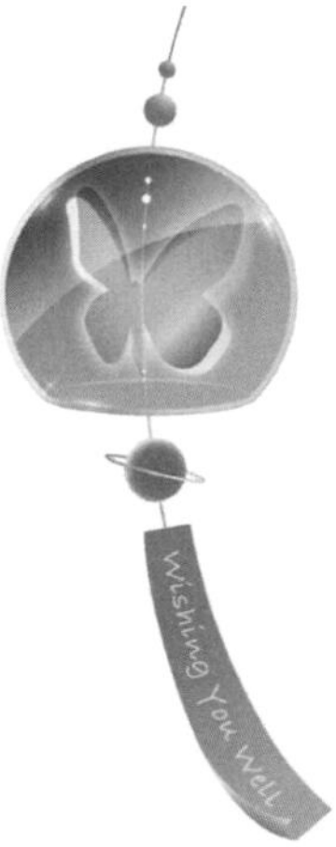

背離初衷，將與美好結局漸行漸遠

我與十一號黃小姐的對話告一段落後，此時排隊等候的人群不斷交頭接耳，音量愈來愈吵雜。原來，我與十號先生、十一號黃小姐的對話內容早已傳遍整個隊伍，大家對於「今生是未投胎前預先約定好的劇本」及「神識初衷」有著諸多困惑，等不及下一位請益者入座便紛紛急著舉手發問。為了儘快解答眾人的疑問，恢復原本的請益順序，我帶領隊伍中不同年齡層的請益者，包括幾位年事稍高的長輩們，來到了服務處對面國小的側門空地，展開一場即興的戶外對談。由於時間久遠，僅挑選出仍留有印象的幾段對話收錄於此。

一開場，我對著眾人說：「人生就像是一部長篇電影，每個人在尚未來到人間之前，會預先擬定好來世的生命劇本。首先，是以期望圓滿的心願為架構，來到世間後用愛和行動去寬恕、修復，學習『**對自己好好的，對他人好好的，對環境好好的，讓你、我、他都能一樣好。**』以圓滿今生為初衷。接著，才著手設定出生背景，選擇父母、成長環境及關鍵人物、婚姻、子女、事業等，直到劇終完成這一世的情節。過程中，會邀請關鍵人物進入彼此的劇本裡，並約定如何相遇再到結局。然而，踏入人間猶如走進迷宮般充滿著未知數，來到人世間後不見得能持續保有初衷，所以結局的屬性是『預設』，**就好比編劇預先安排某個結局作為收場，簡稱『預設結局』，是每個神識嚮往的理想結局，期盼著來到人間後『不忘初衷』經歷此生，最後滿載而歸。**」

聽我說完，人群中身穿白色ＰＯＬＯ衫的先生揮了揮手，問道：「為什麼要有預設結局呢？」

我答：「有出發點就有目的地，有誕生就有結局，『**神識初衷，是你來到世間的動機，是你圓滿一切的起點。**』神識初衷就像整部電影的核心精神，而完成預設結局，是神識千里迢迢來到人世間的目的。」

白色ＰＯＬＯ衫先生又問：「那目的是什麼？」

我答：「簡單來說，絕大部分來到世間的目的，是為了探尋生命的意義，完成來到人間的約定，以及展現愛與包容的本質。」

白色ＰＯＬＯ衫先生困惑地問：「我無法理解，為什麼要展現愛與包容？」

我說：「因為**『愈活出生命的本質』，就愈接近愛與包容**。就像愛喝茶的人會愈來愈講究茶葉、茶壺、水質、浸泡時間等細節；喜好烹飪的人，則會愈來愈注重嚴選食材，同時講究餐具的搭配、食物的擺盤，這些都是再自然不過的事。」

白色POLO衫先生再提問：「如果我偏不接受神識初衷，過我自己想過的日子呢？」

我說：「很多人喝茶不講究，總是隨便泡茶隨口喝喝，直到某一天突然**『懂得認真了』**，自然會去鑽研、學習。或者像不擅烹飪的人，則一直吃外食、吃泡麵，總有一天對這件事**『懂得認真了』**，自然而然學會親自下廚，料理出一道道好菜。**沒有人會永遠糊塗，每個人的際遇不同、轉機不同，但遲早都會朝神識初衷的方向發展，成為更好的自己。**」

白色POLO衫先生又問：「如果完全不搭理神識初衷，會怎麼樣呢？」

我答：「**將愈活愈『空洞』、『漫無目的』、『只是活著』過著虛度光陰的日子，即使獲得了功成名就，仍然沒有踏實感。**」

白色POLO衫先生疑惑地問：「既然功成名就了，又怎會不踏實？」

我說：「個人功成名就、子女出人頭地，只是滿足了當人的欲望，但內心卻不一定感到踏實。」

白色ＰＯＬＯ衫先生再問：「既然都功成名就了，怎麼還會有其他欲望？」

我說：「人的欲望無窮無盡。當吃不飽、穿不暖的時候，總想著能吃得飽、穿得暖有多好；當吃飽、穿暖了，便開始想著能功成名就有多好；當功成名就了，就想能結婚娶妻有多好；等到娶妻成家了，又想可以生個小孩有多好。當有了妻兒，又想著再來個情人有多好；有了情人，又還想要多買幾間房子，多養幾個小情人該有多好。直到事業、財富、妻兒、房子、情人全都擁有了，又開始想如果能在世界各地買房置產有多好，不論去哪裡都有回家的感覺。人的欲望就是如此，永無止境，怎麼樣都填不滿，也難以變得踏實。」

聽完我所說的，白色ＰＯＬＯ衫先生反問：「如果在功成名就之後什麼都不做，停止追求欲望，這樣應該就會踏實了吧？」

我搖搖頭說：「功成名就是靠欲望堆砌而成，要放棄追求談何容易。即使放棄繼續追求，仍然會害怕失去已經獲得的成功，害怕他人競爭、掠奪，只好迫使自己再繼續努力，以維持不敗的地位。一個單身的女人沒有伴侶，總希望能交到男朋友，交到男朋友後則希望結婚，結完婚後希望老公體貼，如願得到老公的體貼後又渴望更多的幸福。人總是在得到幸福後反倒害怕失去，周而復始，內心永遠無法獲得真正的踏實。」

此時，某位與父親一同前來的大學生舉手發問：「所以，是我們人性的欲望，讓初衷偏離了嗎？」

我回答說：「過度的欲望令人們遺忘了初衷。有了相互攀比、較勁的心，就容易把焦點寄託在別人的眼光上，忘了自己美好的初衷及原本的目標。不停地追逐，贏得了掌聲，卻丟失了、忘卻了真正的自己是誰。劇組裡的每個人擁有各自不同的角色，詮釋好自己的角色，比起模仿、羨慕或鄙視他人的劇本來得更重要。複製與掠奪他人角色的人，即使他演得再好，也不可能入圍最佳演員。」

大學生恍然大悟地說：「所以，專注在自己的角色上最重要！」

白色POLO衫先生追問說：「初衷有這麼重要嗎？」

大學生說：「初心易得，始終難守。」

我接著說：「不忘初心，方得始終。踏入人世間像是走進複雜的迷宮一般，初衷是入口，也是唯一帶領你尋覓到出口的『指引』。」

大學生又問：「大部分人並不清楚自己來到人世間的初衷，有什麼方向或準則可以依循嗎？或者該做些什麼才對呢？」

我答：「首先，接納自己今生的人設、劇情、遭遇，善待與你相遇的人，完成彼此的約定，扶助世間變得更美好。簡單地說，就是『**對自己好好的，對他人好好的，對環境好好的，讓你、我、他都能一樣好**。』直到圓滿今生後，赴往下一趟高規格的旅程；抑或在旅途中覺悟『清醒』，累世所有角色劇終『殺青』，就此返回靈性永恆的歸處。每個神識的初衷或多或少稍有不同，卻離不開上述這些原則。」

聽完我的說明，大學生若有所思地說：「大部分的人根本不在乎自己的初衷，更別提神識的初衷了。」

我說：「是啊！所以才導致活到最後全都成了痛苦，而且愈活愈苦。」

大學生困惑地說：「我覺得以目前的自己看來，畢業後找到好工作，然後結婚生子成家立業，等到退休以後則悠閒養老度日，這樣的人生應該很美妙，怎麼會痛苦呢？」

我說：「在社會上無論單身、已婚、為人父母者，或是已經退休、頤養天年的長者，痛苦的人比比皆是。不少人投入婚姻，最後只換來有名無實的空殼，不少家長日以繼夜擔心兒孫的將來，夜不能寐；也有許多老年人活在過去的傷痛中，整天鬱鬱寡歡，反覆埋怨以往的際遇。活在這個世間的人，多半痛苦大於甜蜜。」

大學生問：「為什麼會這樣呢？」

我說：「一旦『背離』自己到來的初衷，不願接納自己今生的人設、劇情、遭遇，活在不甘心、不情願的狀態裡，無法善待與你相遇的人，沒有完成彼此的約定，就會導致爭執不斷，陷入爭奪家產、失和離異、依依難捨、遺憾、埋怨、愛恨糾纏……等各式的情境裡。」

原本在一旁聆聽的黃小姐，感嘆地說：「今天真的獲益良多。我與母親的例子就是最佳範本。之前我也曾經想要改善母女關係，但無論如何總是辦不到，經過導師剛才的提點，我領悟到並接受自己和媽媽之間的約定和初衷，感覺未來似乎變得充滿更多的可能性。」

我說：「活出自己神識的初衷，生命才會更加寬廣、踏實。」

黃小姐說：「以往的不願接受，是因為積累了太多的情緒，掩蓋掉我其實也很愛母親的那份真心。如果今天沒來請益，一部喜劇果真要被我演成了遺憾劇。」

我說：「背離初衷的人，有時候是為了迴避某些『挫折』、『難題』而另覓他路，導致問題像雪球般愈滾愈大，情況也變得愈來愈棘手不堪。」

黃小姐又說：「今天之前，我一直迴避與母親之間的難題，現在清楚知道自己願意改變的動力是什麼了。」

大學生轉頭問黃小姐說：「妳知道自己願意改變的動力，是導師所說的初衷嗎？」

黃小姐說：「我到今天才發現，自己內心不只愛已經過世的父親，也同樣深愛著母親。如同剛才導師所說的：『直到某一天突然懂得認真了。』不論初衷或是約定，應該是心底最深層的渴望吧！讓我現在有動力想要去完成它。」

我說：「**多數人都明白該如何去做，卻沒有勇氣走向它。**」

這時，十號先生舉手認同地說：「對！我也是其中的一員。」

我繼續說：「**我們的『抉擇』必須和神識初衷『維持一致』，才能演繹好今生的角色，這麼一來結局必然夠精采、動人且完整。**」

大學生問：「有人的抉擇跟神識初衷不一致嗎？」

黃小姐說：「應該很多人都不一致，今天之前的我就是一個例子。」

我說：「達成世俗的價值，未必能讓我們擁有長久的喜悅。**假設你獲得一項成就，事後卻讓你感到無比空虛，那就不會是自己內心和神識所需要的。**」

白色POLO衫先生再次提問：「所以『意識』和『神識』兩者之間的選擇未必會一樣嗎？」

我說：「家長期待孩子認真求學，孩子卻希望能盡情玩樂；父母親高瞻遠矚，孩子卻短視近利。**倘若把神識比喻為家長，我們的想法也就是意識，則可以比喻成孩子。**」

大學生說：「神識高瞻遠矚，我們卻短視近利。」

我接著說：「神識是更久遠以前的自己，尚未來到人間的自己，也是安排了今生劇本的編劇，當然高瞻遠矚。」

大學生又問：「每個人都擁有神識，也就是一個具有更高『見識』的自己對嗎？」

我點點頭說：「對的！」

緊接著，穿白色POLO衫的先生說：「神識，意識，兩者抉擇不一樣的意思能否請導師再舉例說明？」

我反問他：「假設現在的你已經活到了八十歲，面對目前的生活難題，是否會做出一樣的抉擇？」

白色ＰＯＬＯ衫先生說：「肯定不一樣。」

我又問：「假設，只是假設，你已經活到了三百歲，所需要的是否會和現在不同？」

白色ＰＯＬＯ衫先生沉思一會兒後，說：「都活到三百歲，什麼形形色色的東西都見過了也嘗遍了，恐怕就沒有欲望凡事淡然處之。」

我再問道：「假設，只是假設，你已經活在這世界一千年之久，需要的是否又會與現在不同？」

白色ＰＯＬＯ衫先生回答：「都活了一千年那麼久，肯定截然不同。」

我繼續問他：「試著想像，那個活到了一千歲的你，會對現在的你說些什麼呢？」

白色ＰＯＬＯ衫先生說：「**愛惜自己，珍惜身邊的人，幫助世間變得更美好。**」

我接著問：「你都活了一千歲，對於那些追逐功成名就的人，欲望滿天飛的人，又有什麼看法？」

白色ＰＯＬＯ衫先生答道：「**追求那些虛幻的事物並不切實際，就像孩子們玩的競賽遊戲一樣。對自己認真負責，把握每個相遇的緣分才最重要。**」

我說：「以一千歲的智慧來說，就是**對自己好好的，對他人好好的，對環境好好的，讓你、我、他都能一樣好。**」

白色ＰＯＬＯ衫先生點頭說：「我完全同意！」

我說：「當願意這樣做，**我們會回到『愛』的本質，回到接納自己、珍惜他人、愛護環境的心境，進而帶著這份心念，勇敢活出屬於自己的生命。**」

大學生頓時眼睛一亮，驚呼說：「哇！感覺好有價值感！」

我說：「抱持這份心念，不僅活得愈來愈踏實，百年之後也沒有遺憾、不枉此生。」

接納今生的起點，帶著「愛」走向圓滿終點

待對話暫告一段落，一位穿紅衣服的中年女性，突然開口問道：「那麼，神識會編撰出悲慘的結局嗎？」

我回答：「有！但稀少。絕大多數的人是錯把喜劇演成了悲劇。」

紅衣服小姐又問：「原本是一部喜劇，怎麼演成悲劇了呢？」

我說：「是因為誤解、負面情緒、逃避、膽怯、貪婪等慣性思維所造成。」

紅衣服小姐再問：「您說有極少數的人是悲劇收場，那麼編劇為何要設計出悲慘的結局？」

我說：「不少影視作品的結局是以悲劇收場，事後證明不僅撼動了觀眾，更激盪出不同的觀點，獲得不少人大力推薦，甚至成為絕世經典。唯有才華洋溢的神識才擁有如此強大的編撰能力，因為悲慘也是一種力量。」

紅衣服小姐贊同地說：「確實有很多膾炙人口的電影是以悲劇收場。那依您所說的話來看，神識也是導演嗎？」

我說：「簡單來說是編劇。」

紅衣服小姐問：「複雜地來說呢？」

我說：「神識來到人間後，是編劇、是製作人、是導演、是演員，以上皆是。」

紅衣服小姐又問：「我與父母還有今生相遇的人，都屬於同一個劇組的人員嗎？」

我答：「多名編劇一同編撰、一起主演。」

這時，穿白色 POLO 衫的先生插話問道：「既然是一部戲劇、一場電影，我總可以不入戲吧？」

我否決他說：「不行！太不敬業。既然都用這麼久遠的時間編撰了劇情，又千里迢迢來到這世界，不入戲的話要如何學習？」

白色POLO衫先生又問：「假如不學習的話，會怎麼樣呢？」

我反問他：「假設，你的兒子上班以後卻不認真學習，結果會是如何？」

白色POLO衫先生看了身旁的兒子一眼後，直截了當地說：「結果會被老闆炒魷魚，然後重新找工作，直到願意積極上進，才能出人頭地。」

我說：「對，神識會安排再來一次。倘若五十次不行就一百次，一千世不行就三千世，直到『懂得認真了』，在負起責任中重拾愛、尊重和包容，回到初衷才能劇終殺青。」

紅衣服小姐問：「所以要勇於負起責任，帶著愛前行嗎？」我點點頭對她示意肯定。

此時，一位六十多歲的婦人舉手發問：「或許我的人生就屬於悲劇。年輕時娘家貧困，嫁進夫家以後誤以為能脫離苦難，豈料我生出有狀況的孩子，過了七年後先生也臥病在床，緊接著公公過世夫家也隨著家道中落。我的遭遇也是預先設定好的劇情嗎？」

我回答她：「偉大的母愛及深厚的夫妻之情，是你們約定好的劇本。」

六十多歲婦人問：「那麼，我最後的預設結局會是什麼？」

我說：「我見到一位無怨無悔的女性，一肩扛起家中經濟重擔，照顧臥病在床的丈夫、腦性麻痺的孩子，展現出偉大的母愛堪稱模範。最終，度過重重難關圓滿一切。」

話一說完，周遭眾人目光都轉往這位六十多歲的婦人身上，緊接著響起陣陣掌聲，熱烈地回應她、肯定她無私的母愛。

在眾人掌聲簇擁下，婦人眼眶泛紅、深吸一口氣後，雙手合十對人群致意說：「謝謝大家！雖然很苦，也總算熬過來了！」

我說：「今生，能和最愛的兩個人在一起，我深信過程雖然辛苦，但妳卻甘之如飴。」

六十多歲婦人帶著欣慰的表情說：「我從來沒有埋怨過老天爺，老公和孩子是我永遠的最愛，能照顧他們我很幸福也很滿足。」

我讚許她說：「會幸福、會度過難關，是因為妳從未背棄初衷，一切都是預先安排好的圓滿情節。」

電影的結局，有喜劇結局、悲劇結局、悲喜混合結局、圓滿結局、甜蜜結局、暗示性結局、開放性結局……等，今生任何劇情、結局都是尚未來到人間之前的自己所精心安排的，是神識高度哲理的示現。所有跌宕起伏的劇情，當中必然有著深刻的內涵與價值。尊重任何形式的預設結局，因為所有結局皆離不開「初衷」，蘊含了愛、勇敢和包容，值得我們用心演出、欣賞、領悟，在深入執導、演繹的過程中重拾自我。

接著，某位小姐舉手發問：「導師您好，敝姓陳。我從出社會到現在一直沒有順遂過，都三十一歲了卻沒存到錢、沒男朋友、事業沒發展，這個悲慘的劇情也是我預先設定的嗎？」

我安慰她說：「妳的狀態就像幽禁在黑暗的迷宮裡，失去方向，找尋不到自己的價值。」

陳小姐贊同地說：「確實完全沒有價值可言。我擔心未來會成為一無是處的孤家寡人。」

我提點她說：「但妳原先預定的劇本並非如此。」

陳小姐訝異地看著我，略為放大音量說：「難道我也把喜劇演成了悲劇?!」

我說：「妳的癥結之處在於惡化的家庭關係。雖然妳跟家人約定再來，但是父母親仍有前世尚未完成的課題，今生又無法在磨合中相親相愛，經常發生爭執導致家庭氣氛不睦。此外，妳的母親又因前世虧欠兒子較多，以至於今生過度補償、溺愛妳大哥，遲遲得不到關愛的妳，一出社會後就選擇離家租屋，迴避不公平對待的親子關係。不斷在『抗拒原生家庭』與『厭惡自己』的雙重力量拉扯下，抵消了積極向上學習的動力，失去原有的信心、毅力面對逆境，慢慢演變成現在的狀態。」

陳小姐說：「如您所說的，我跟家裡的關係確實緣淺。」

我說：「妳的癥結和多數人一樣。**我們用盡百分之八十的心力在對抗『無法改變的劇情』、『無法改變的事實』，卻忽略用對心力，讓自己的當下與未來更美好**。然而，原生家庭是人生的『起點』，從這個家庭誕生、成長，再前往不同的階段。妳對原生家庭的否定與積壓的情緒，創造出現在一籌莫展的劇情，簡單地說，就好比一位知名演員收到一部新戲的劇本後，才發現他不喜歡這個劇本，曠日費時不斷地掙扎、糾結，整天挑剔劇本內容差又難演，埋怨裡面的主角多麼可憐不被愛，劇中的母親怎麼會傻到過度寵溺兒子……等等，**最終把這齣戲演到徹底失敗了。**」

陳小姐故作淡定地說：「我只是不喜歡家裡的氣氛。」

我說：「不喜歡自己的劇本，不喜歡這個自己，自然會討厭自己、懷疑自己，也是我們剛才提到的『背離初衷』，導致妳對未來感到茫然覺得自己一無是處。」

陳小姐反駁說：「我不喜歡自己，但可以有男人來愛我啊！」

我反問她說：「妳有養一隻馬爾濟斯狗，還記得當初是在哪裡購買的嗎？」

陳小姐說：「記得！在台北縣某一間寵物店買的。」

我說：「進到寵物店後，在一格格狗籠裡這麼多隻的狗，是什麼原因讓妳買下牠？」

陳小姐思考一會兒後說：「牠當時小小隻的非常可愛，我還記得，當我把手指伸進狗籠時，牠很活潑地持續和我互動，當下就決定是牠了。」

我引導她說：「現在，閉起雙眼，然後發揮妳的想像力，把當時活潑好動的幼犬，換成畏縮在狗籠一角的小狗，夾著尾巴、眼神哀怨，完全沒搭理妳伸進狗籠裡的手指。」

陳小姐閉起雙眼跟隨我的引導後，說：「我想好了！」

我說：「現在，妳還會想把這隻畏畏縮縮的幼犬買回去？」

陳小姐依舊緊閉雙眼，搖搖頭說：「絕對不會！」

我說：「好，睜開雙眼。」

陳小姐睜開眼後問：「這樣做是什麼意思呢？」

我答：「妳說絕對不會買回去的感受，和多數男人與妳互動後卻無法愛上妳的感受相似。」

我繼續說：「假設一隻剛出生的幼犬很厭惡自己的角色，不愛關住牠的狗籠、恨透拴住牠的項圈。妳還喜歡牠嗎？」

陳小姐斬釘截鐵地說：「不會，因為牠連狗都當不好，我怎麼可能喜歡牠？」

我向她致歉說：「請見諒！我拿狗作比喻。」

見陳小姐並不介意，我繼續說：「懷疑原生家庭，懷疑自己的角色，懷疑自己來到娑婆世界的初衷，就離快樂愈來愈遠。不認同原生家庭這個『起點』，就無法向前邁出步伐尋覓幸福。」

陳小姐恍然大悟地說：「感謝您的比喻，我完全明白了！先認同原生家庭和自己的身分，才能回歸我原先設定好的劇本。」

我讚賞地說：「非常好！很有智慧！」

陳小姐說：「現在我知道了，不喜歡自己等於失去存在的價值。」

我說：「如今接受自己和原生家庭並不嫌晚，妳還來得及在三十七歲時完婚。」

陳小姐瞪大雙眼訝異地說：「這麼老才結婚嗎？」

我說：「原本只是台北到高雄的距離，如今妳跑到北海道以後才迷途知返，我算了算最快也要到三十七歲，已經是最合理的不二價了。」

陳小姐面露無奈的苦笑說：「既然都已經是不二價，我也只能欣然接受了。」

我微笑鼓勵她說：「未來，不論遭遇到什麼，都讓自己好好的！」

原生家庭永遠不是限制你的枷鎖，除非你還執意駐足在起點，尚未整裝出發。

這世上沒有完美的父母，每個家庭都存在著各自的習題，導致許多人在對抗情緒的迷宮裡反覆打轉、糾結。有人無奈從小不被父母關愛，有人厭惡父母的管教過嚴，有人逃避父母之間對峙的氛圍，有人遺憾童年時父母選擇離異。當我們進一步深入省思後，終究會找到不滿的主因竟是「我們不喜歡自己」、「遺憾自己不完美」和「對自己沒自信」。

長期無法忍受面對自己的缺點，不願承認及接受自己真實的心境，促使我們找到了自認最合理的卸責藉口，就是一昧地怪罪原生家庭、迴避原生家庭，這麼一來，便不自覺掉進一個沒有出口的迷宮裡，永遠無法脫身。倘若持續對抗、抱怨、沮喪於自己人生的起點，在原地躊躇不前，將讓我們沒有多餘心力走向遠方美好的終點。

靈魂的神識初衷，始終嚮往「你好、他好，成就充滿愛和接納的圓滿人生。」直到有一天，你懂得認真了，能專注地為自己負起責任，嚮往的一切自然水到渠成。

回歸初衷，觸發人生的「轉折」

接下來，一位留著大波浪捲髮的母親拉著兒子，朝我的方向靠近說：「導師，這是我兒子，請問前世我到底虧欠他多少，今生要為他如此煩心？他會不會以後成為社會上的問題人物？難道這也是預先安排好的注定嗎？」

我看了看她兒子之後，說：「他未來既孝順又事業有成。」

聽見出乎意料的答案，大波浪捲髮母親頓時愣住，過了一會兒再次確認說：「導師，您沒看錯吧？」

我說：「未來如果他能順利度過某件事，在妳年邁時將會有兒子、媳婦、孫子陪伴，生活衣食無缺，唯一獨缺的只有老伴。」

大波浪捲髮母親趕緊說：「我前年離婚了，也從來沒打算要改嫁。」

我接著說：「未來，妳會三代同堂幸福美滿。」

大波浪捲髮母親否定說：「不對！不對！」

我反問她：「妳怎麼知道不對？妳能知道自己的未來嗎？」

大波浪捲髮母親急忙解釋說：「不是！不是！這孩子目前高職能不能畢業都還是

未知數，整天遊手好閒，在外面跟壞朋友廝混，在家吃飯要三催四請，不愛乾淨、書本亂丟，也愛亂發脾氣，動不動就喜歡拳打腳踢，叛逆到連房門都能搥出一個大洞……」

我不希望她讓站在一旁的兒子感到難堪，便開口打斷她細數兒子的罪狀，示意說：「等等、等等。」

但大波浪捲髮母親不理會我，還是想繼續抱怨：「導師，您聽我說……」

我不得已喝止她說：「停！」

聽見我的制止聲，大波浪捲髮母親終於冷靜下來，說：「好，我聽您說。」

我對著她兒子說：「你的耳朵應該快長繭了吧？」

只見一位高職生手插口袋、站著三七步，帶著不耐煩的臉色說：「我早就習慣了！」

大波浪捲髮母親又開口說：「導師，我很苦啊！離婚後一個人帶著孩子，自己省吃儉用，對孩子的教育打也打了、罵也罵了，卻教出一個叛逆又愛四處惹事的兒子。」

這時，白色ＰＯＬＯ衫先生上前緩頰說：「我年輕的時候也曾壞過，人不輕狂枉少年啊！」

我說：「你是遇到夫人以後才浪子回頭，從此安分守己。」

POLO衫先生的兒子附和我說：「這個世界上，只有我媽能治得了我爸的倔脾氣。」

大波浪捲髮母親說：「當媽媽的人免不了望子成龍望女成鳳。但他現在這副吊兒郎當的模樣，站也沒個站相，如果再不糾正他，未來出社會恐怕要拾荒度日了。」

我說：「妳言重了！他如果能度過二十歲的一場劫難，將來必定事業有成且孝順。」

大波浪捲髮母親強顏歡笑說：「您應該是在安慰我。」緊接著又迅速拉下臉焦急地問：「您剛才說他有一個劫難，我沒聽錯吧？」

我沉默不語，沒給她任何回應。維持靜默狀態一陣子過後，人群間的氣氛突然改變，每個人都在交頭接耳、低聲私語，臆測我的停頓是否有難言之隱。

見眾人竊竊私語，我語帶保留地說：「依照規矩，我不能明說妳兒子未來的劫難。」

大波浪捲髮母親帶著請求的眼神說：「拜託您！透露一點點就好！」

我說：「妳兒子前世是習武之人，從事標行工作又稱鏢局。按照常理來說，今生他到中年的時候是經營多家貨運行的老闆。」

大波浪捲髮母親恍然大悟地說：「難怪他從小好動、不愛讀書，成天打打鬧鬧。」

我為難地說：「不過……到他二十一歲時，結局出現了分歧，有一長一短兩種版本，走入長版的話會度過劫難，變成一個愈來愈優秀的人，走入短版則可能……性命不保。」

大波浪捲髮母親以無法接受的訝異口吻說：「人的劇本不是固定的嗎？怎麼有一長一短的版本呢?!」

我說：「長版結局是成為貨運行老闆，短版結局是生命殞落，兩種結局都可能發生。」

聽我說完，大波浪捲髮母親更加緊張地說：「怎麼會有短版的結局呢?!」

我說：「多數人不會有另一個版本的結局。由於孩子不認同自己、放任自己的生命，逐漸形成兩種截然不同的結局。」

大波浪捲髮母親激動地說：「短版結局不是他來到人生的初衷啊！」

我語重心長地說：「很遺憾！之所以有這些轉變，一部分原因與妳有關。」

大波浪捲髮母親搖頭否認說：「我沒有做錯任何事！」

我說：「在他小時候，父親施予的教育矯枉過正，母親則過度寵愛。一方面處處備受限制，另一方面又被極致呵護，導致性格矛盾且暴躁。反抗校規、鄙視優秀的同儕，久而久之開始厭惡他人也不愛自己，造成了性格偏差。」

大波浪捲髮母親辯解說：「他爸爸管教太過嚴厲，我心疼之下才對他呵護備至。」

我說：「情緒不穩定難以靜心學習，無法和同儕良性競爭，課業一落千丈當然自我放逐。任何人一旦厭惡自己愈久，愈會鋪設出不可預期的結果。」

大波浪捲髮母親問：「怎麼說呢？」

我說：「父母施予的教育過度嚴厲或溺愛，會導引孩子偏向某個不屬於他的未來，好比專心開車前往目的地的駕駛人，卻被坐在副駕駛座的乘客頻頻干擾而影響駕駛一樣。」

大波浪捲髮母親驚訝地問：「所以，我成了過度干擾他的人？」

我說：「我們應當尊重每個人的劇本。為人父母者，在孩子的幼兒時期要確立規矩、嚴格教育，到了十二歲後要逐步放手，以陪伴孩子的角色參與他們的人生，十六歲以後則可以提供建議，不能過度干涉與控制。」

見她專心聆聽，我繼續說：「不久的將來他會沉溺速度感而飆車，也因此注定發生重大交通事故，地點位於新店山區的彎道上。摩托車過彎越線與對向汽車衝撞。」

此時，高職生收起了三七步，誠懇地問：「我的劫難可以改變嗎？」

我說：「要繞過劫難並不容易。」

高職生再問：「未來我如果不去新店山區，能化解嗎？」

我說：「談何容易，當時的你血氣方剛，一群朋友邀你到北宜公路競速，豈有不去的道理。」

高職生執拗地說：「如果，我承諾此生不去北宜公路呢？」

我說：「以你騎車的方式，即使不去新店山區仍會在市區發生車禍。度不過這場劫難終將殞落生命。倘若度過了，你會大澈大悟，引發所謂的**『開竅』**，也就是**『人生轉折』**，往後成為貨運行的老闆。」

聽我說完，高職生轉換態度恭敬地問：「所以，每個人都有人生轉折嗎？」

我答：「**每個人都有，到了某個年紀、遭遇某件事、遇見某個人、看到某個景色，都可能觸發所謂的開竅。從此以後好像換了個人似的，雖然還是同一副身**

軀，人生態度卻變得截然不同。」

高職生問：「什麼是開竅呢？」

我答：「類似白色ＰＯＬＯ衫先生的情況，自從遇到他太太以後突然變了個人。」

高職生又問：「開竅有什麼具體特徵呢？」

我說：「**人生第一次開竅的特徵是『扛起自己分內的責任』、『懂得用心』、『眼界長遠』，從此能一肩擔起重任，並積極自我要求，行事謹慎守分寸。**」

聽我說完，白色ＰＯＬＯ衫先生略為得意地說：「沒想到導師竟拿我來舉例。想當年奉子成婚，某天坐在餐桌上吃著午飯，忽然間眼角餘光瞄到老婆懷孕的肚子，頭頂瞬間像被雷擊中似的，事隔幾天後整個人像是脫胎換骨一樣，或者說一夕之間成熟了！」

我贊同他說：「被雷擊中這個比喻很貼切。」

高職生不解地問：「請問那天有下雨嗎？」

白色ＰＯＬＯ衫先生轉頭看著高職生說：「少年人，我指的是頭腦裡面打雷。」

我接著說：「這道雷就是人生轉折，讓他從此變得有責任感、體貼老婆、懂得飲水思源孝敬父母。」

白色POLO衫先生用台語說：「導師說的這句話最合我意。」

大波浪捲髮母親憂心地問：「有什麼方法可以救救我兒子嗎？」

我搖搖頭示意困難。大波浪捲髮母親再次殷切地請求說：「能不能再想想其他辦法呢？」

我思考好一陣子之後，說：「除非他提前『開竅』觸發『轉折』回到初衷，破除以往的慣性思維和態度，否則幾乎沒有能力迴避劫難。」

大波浪捲髮母親情緒激動地說：「我含辛茹苦撫養他長大，失去他的話，我活著還有什麼意義?!」

話一說完，眾人隨著大波浪捲髮母親的難過心情，陷入膠著沉重的氛圍，而後你一言我一語地提出各自的建議。

人群中一位林小姐說：「那就緊迫盯人，不讓孩子有機會騎車。」

我說：「沒用，朋友能借摩托車給他。」

陳小姐接著提議說：「既然起因是孩子不認同自己，放任生命轉變了未來的結局，如果從現在開始修身養性呢？」

我說：「是好方法，但孩子願意接受嗎？會不會很快又恢復原樣了呢？」

陳小姐說：「您說過命運可以改變。」

我說：「**當事人掌握著改變命運的鑰匙，現在能改變未來，只要有決心，在沒發生之前都能改寫。**」

六十多歲婦人心疼地說：「可憐的孩子，年紀輕輕就要承受這麼大的苦難。」

林小姐同情地說：「可憐的是媽媽，白髮人送黑髮人。」

這時，高職生以堅定而高亢的語氣接話說：「我願意改變，再苦都沒關係！」

白色POLO衫先生訝異地問：「你怎麼變了個人呢？」

高職生故作鎮定地說：「我沒有！」

我問高職生：「不愛讀書卻愛在外惹事生非，你快樂嗎？」

高職生答：「不快樂，所以想跟外面的朋友玩在一起。」

我又問：「你還記得神識初衷的大方向嗎？」

高職生說：「**對自己好好的，對他人好好的，對環境好好的，讓你、我、他都能一樣好。**」

白色ＰＯＬＯ衫先生滿臉驚訝說：「憑你這麼好的記憶力，怎麼可能書會讀不好？」

我說：「如今的你不快樂，對他人不好，對環境不友善，還讓眾人為你擔心，讓你、我、他都不好。」

聽完我所說的，高職生沉默無言停頓許久，然後對著在場的人群深深鞠躬說：「對不起！我錯了！」

我問他：「你剛才的停頓並不尋常，內心有滿滿的不捨？」

高職生果決地說：「我不想短命，我要改變未來，我會扛起責任。」

我問：「為什麼你想要改變未來？」

高職生往前站離母親一步，語帶堅定地對我說：「爸媽離婚，我不能獨留媽媽一個人在世上傷心、難過，更不能沒有人照顧她。」

我問：「你的意思是願意為了母親改變自己嗎？」高職生點了點頭表示願意。

我肯定他說：「好男孩！」

白色ＰＯＬＯ衫先生對著高職生用台語讚賞地說：「正港的大丈夫！」

高職生真誠地說：「我願意對自己好好的，對他人好好的，對環境好好的，讓你、我、他都能一樣好。」

我寬慰地對眾人說：「他的『人生轉折』發生在此時此刻。」接著，我轉頭對高職生說：「切記，在你畢業後會有帶你入行的前輩，用心跟隨他好好學習。未來，你會成為多間貨運行的老闆，無論遭遇到什麼，你都要好好的！」

高職生點點頭說：「為了媽媽，我會好好的！」

陳小姐訝異地說：「他好像如導師所說的開竅了、懂得認真了，看人的眼神跟剛才都不一樣了。」

我說：「當我們回歸初衷重新經歷人生，未來必然更加耀眼動人。」

待我說完，大波浪捲髮母親欣慰地抱住兒子。兩人相擁的畫面及高職生真情流露的孝親之情這一幕，深深感動、渲染了在場的眾人，紛紛伸出手熱烈鼓掌。

人生，是「際遇」加「緣分」的總和，因而有了跌宕起伏的命運，有了百感交集的劇情，時而讓你感動，時而讓你驚喜，時而讓你震撼，時而措手不及。但無論如何，所有緣分中的「轉折」都在協助你成就更圓滿的自己，任何的發生都在醞釀著、導引著，通往某個更好的方向。「轉折」是一股看不見的力量，經常來得超乎你的想像，最奇妙的地方就在於，生命裡始終存在著可遇不可求的際遇，而你永遠不知道下一秒會發生什麼。或許只是短短的一秒剎那，卻能改變或更堅定了你的某些想法、某些觀點，甚至於改變你一輩子的命運。

或許你也曾有過這樣的經驗：糾結許久的舉棋不定，竟可以在一瞬間輕鬆跨越；縈繞在心頭千絲萬縷的悔恨，竟可以在一夕之間煙消雲散，如釋重負。

終究是要讓你難忘的，這場愛情無法得償所願；總有一個時間點，會讓你止住淚水，懂得結束悲傷重拾快樂。

埋怨著某個人，造成你生命裡揮之不去的陰影；總有一個時間點，會讓你懂得過去的已經過去，揮別舊日陰霾。

不顧一切勇敢去愛，卻換來對方的辜負與背叛；總有一個時間點，會讓你懂得釋懷，重拾愛人的能力。

歹戲拖棚想離卻又離不開的壞關係；總有一個時間點，會讓你放下糾纏懂得捨離，毅然決然地道別。

時常鞭策自己要成為一個優秀的人，卻遲遲無法表現得更出色；總有一個時間點，會讓你懂得重新認識自己，開拓出適合的道路。

為了獲得尊崇，硬把自己裝扮成一個完美的人；總有一個時間點，會讓你懂得終止扮演他人眼中的完美，回歸自己的特質與天賦，成為你想要的模樣。

遭逢絕境接二連三襲來，令你一敗塗地徹底倒下；總有一個時間點，會讓你發現，還有另一扇窗正為你敞開著。

不如預期的結果，宛如天崩地裂般摧毀了夢想，完全背離自己想走的路；總有一個時間點，會讓你懂得哪條路最適合自己。

憂鬱、沮喪、難堪的日子，生命委靡不振到像一灘爛泥，恐懼著會讓人恥笑、嫌惡；總有一個時間點，會讓你懂得豁達，跨越難關脫胎換骨，以感同身受之姿體恤與你有過相似遭遇的人。

回想你的人生旅途中，是否曾經歷過意想不到的轉折？在某一個時間點，某一個瞬間，某一個迅雷不及掩耳的片刻，讓你發生前所未有的轉變，讓你跳脫原本的思考、慣性、觀念，讓你徹底領悟即刻撥雲見日，一刀利索地劃破困擾束縛已久的繩纜，不再猶豫徬徨。就在某個時間點，讓你徹底擺脫舊有思維的糾纏與泥沼，剎那間截然不同，猶如大夢初醒判若兩人，彷彿瞬間「開竅」了。

每個人觸發轉折的情境不同，可能是一趟旅行、一場爭執、一本書或是一句話。這個瞬間發生的當下，頓時會產生莫名的「停頓感」、「雷擊感」、「消融感」。舉例來說，有些人原本學習力不佳，從迷糊懶散、自主性薄弱、缺乏專注力的狀態，剎那間有如頓悟般突然出現變化，從此對待學習及面對事物的態度都愈加自覺、主動，除了學習力提升以外，連同性格、認知、觀點都有顯著的轉變，進而順勢發揮出自我潛能，展露今生劇本的優勢。這是成長過程中不可或缺的突破點，或可稱之為「轉折點」。

依循「良知」，生命愈加踏實

很快地，時間來到中午用餐時間，因此我與眾人話別結束了這場戶外對談。

盛夏中午烈日似火，離開了人群的我走回服務處，用餐完後，趕緊把握剩餘不到一小時的時間小歇片刻，才有體力接續回應下午的請益人潮。

開啟電風扇後，我坐在辦公椅上，閉起雙眼，聽著電風扇運轉的嗡嗡聲，靜靜享受吃飽飯後閒適的小憩片刻。空氣被扇葉攪動，吹出溫煦的夏風，衣服隨之搖曳擺動。持續傳來的嗡嗡聲，持續湧現的睡意，讓我陷入若醒似睡之間。這時，隱約聽見：「紫嚴，快上來！」的呼喊聲，內心納悶著除了恩師以外，沒人會用這方式對我說話，莫非是……？

還沒理出頭緒前，我突然像被裝了噴射器一般，從椅子上發射直衝天際。只見下方自己的身體仍坐在椅子上，我卻穿過服務處的樓層，從愈來愈高的位置俯瞰地面，直到四周出現一片片雲朵，才放慢了上升速度。而後，在緩緩上升途中被一團彩雲輕柔地接住，心想：「我真像是一顆籃球，被投到了天上的雲彩籃框裡，到底是誰這樣做呢？」

不一會兒，心中的疑惑便得到解答。首先出現了一對幼小的麒麟，以圓滾滾如龍眼般大小的可愛雙眼注視著我，不斷眨眼並歪著頭示意我們又見面了。緊接著傳來一陣爽朗宏亮的笑聲，答案揭曉，原來是天池老人帶著小麒麟遨遊人間。

我恭敬行禮作揖說：「向天池老人問安，恕我愚昧失禮失敬。」

天池老人問道：「你，剛才在探討神識下凡的初衷嗎？」

我答：「回老人，是的！眾人困惑於何謂初衷、過程、結局。」

天池老人說：「初心無異結局，結局無異初心。」

我說：「回老人，世間人不知結局來自於初衷，也無從得知自己的初衷。」

天池老人又說：「良知，乃初心之始。」

我說：「回老人，是的，每個人來到人間的初衷，皆是受良知驅使、與生俱來，憑藉良知待人處事，便能心安自得。」

聽我說完，天池老人開懷大笑，小麒麟用頭輕輕地磨蹭著我來回轉圈。沒等我恭送完天池老人，瞬間又像乘坐遊樂設施大怒神般的速度筆直往下掉，穿過樓層地板，回到風扇聲嗡嗡作響，衣服隨風搖曳擺動的狀態，但與先前不同的是，精神恢復飽滿睡意全消。神祇給予的開示通常十分簡明扼要，與天池老人的一席話，令我想到一段古詩：「心安茅屋穩，性定菜根香，世事靜方見，人情淡始長。」

天池老人所說的：「初心無異結局，結局無異初心。」意思是保持你的初衷直到最後，就是完美的結局。初衷是你到來的起點，是一顆善良的心，唯有初衷不變，才能到達理想的終點。

許多人在生活中經常困惑著：付出能否獲得等值回報？考試能否通過？事業能否

發展？感情能否幸福？對未來舉棋不定患得患失，或對人情關係產生許多委屈抱怨，怨公婆難相處，怨小姑小嬸自私，怨孩子不爭氣，怨家事做不完，怨老公不體貼，怨老闆不公平，在瑣細的事物中不斷堆疊負向情緒，丟失了自己的初衷，因而偏離了原本的美好結局。究竟，該如何秉持自己的初衷心念？該如何抉擇當下的每個發生？又該用什麼作為基準，才不會背離初衷？

回到天池老人提到的：「良知，乃初心之始。」良知是初衷的關鍵要素，凡事皆用「良知」作為出發點，不論是好壞對錯取捨、待人處事態度、人情關係互動、對待自己的方式、面對未來的心理狀態等。良知能用於分辨好壞對錯，做出自然取捨；良知用於待人處事，態度自然會謙遜尊重；良知用於人情關係互動，自然能掌握分寸；良知用用於對待自己，自然會坦誠接納；良知用於面對未來，自然會用心積極，對結果則淡然處之。良知，是一帖萬用良藥，幫助我們釐清是非、拿捏關係遠近、積極自律，釋疑了人生進退維谷的難題，用良知作為基準，從待人處事乃至於生命中的一切困惑，都將變得格外明朗，心境也愈加踏實。

值得一提的是，天池老人對於初衷發自「良知」而不是用「良心」形容，因為兩者之間並不相同。我們常說做人要有良心，或曾被質疑、質問他人到底有沒有良心?!似乎人人都得背負某種道德標準和責任，要積極修正某些觀念，才符合所謂的良心，帶有刻意展現責任感及使命感的傾向，甚至成為用來檢視自己或指責他人的衡量工具。然而，良知更接近「與生俱來」的良善天性，體現出人性無畏的愛，心性遼闊包容一切、自在灑脫，毋須薰陶或學習仿效，是渾然天成的一種能力，是一種心性本體，是一種內在力量，**早於初衷之前的存在，是迷惘不知所措時的最佳解答，更是漫漫人生旅途中指引你返家的一盞明燈。**

好好的小叮嚀

懷抱初衷，勇敢詮釋屬於你的劇本

親愛的，你不是不夠好，只是不小心沉睡了、迷失了，忘卻了自己到來的初衷。生命中的相遇得來不易，是緣分開啟了起點、過程、結局，是神識賦予我們在生活中學習承擔、練習取捨。當你扛起責任負重前行，才能踏實地感受到自己的存在，當你在取捨中細心體會，才能堅定不移地完成千里迢迢到來的初衷。

起點，自一出生早已注定無法改變，但你可以掌握、調整每個步伐，用「良知」詮釋屬於你的劇本，勇敢地演出，懷抱著「**對自己好好的，對他人好好的，對環境好好的，讓你、我、他都能一樣好。**」這份初衷，堅持而正向地邁向前方預設的「美好結局」。

每個遇見，是一份不變的初衷，是未完待續的緣分，留待你我今生好好去完成。

家人們，各自都要好好的

家人們好好的，我們才能放心；每個人都各自安好，才是真正的「心安」。

家，承載了每個人的回憶，有父母親的身影，有熟悉的飯菜香，有玩耍嬉戲的客廳，有印象深刻的擺飾，有仰望天際的窗台，有愛不釋手的玩具。那是我們初始來到的地方，封存了所有的童年過往和成長過程，是閱覽許多人生風景後不時會懷念的回憶，無論是彩色或黑白、甜蜜或陌生，在每個相續的片段中構築出人生的來時路，也依然存在著尚未被化解開的心結。

父母，是我們來到人間接觸到的第一份關係，主導著「家」的氛圍，母親細膩地影響著孩子的感情起伏，父親則像是一座大山，讓孩子擁有堅強的後盾。有時，要等到我們長大後才發現，媽媽其實不是我們認知中的完美女神，她是一個再平凡不過的女人，和我們一樣需要被關注、被肯定、被陪伴、被理解、被尊重，也有被愛的需求；爸爸其實不是我們心目中的無敵超人，他是一個再平凡不過的男人，會無助、會流淚、會退縮、會焦慮、會喪氣，也會有脆弱的時候。父母出身於不同的環境，彼此間存在著差異，日常互動並不像浪漫影視作品那般充滿溫情或感人肺腑，原來，現實世界是另外一回事。

看似溫馨有愛的家庭，和樂融融的一家人，背後也可能隱藏著久遠的裂痕。雖然父母親並沒有離異，但孩子的內心卻像「孤單旅行」般過著空洞流於形式的家庭生活。然而「家庭關係」是神識為即將到來的今生最常選用的「劇情題材」，或許是母女之間的愛恨情結、母子之間的寵溺依賴、父親對家庭的冷淡漠視、父子不睦、雙親離異、情緒化家庭……等，把至關重要的課題安排為直系親人。當我們注定誕生到這世界，成為獨立的個體，也從此和父母有了千絲萬縷的關係。是緣分推開了這扇相遇的大門，無論是誰，皆必然是懷抱著初衷而來，是為了讓你、我、他都能一樣好，亦是帶著無比嚮往，朝幸福的結局走去。

相互信任，拾回愛的初衷

位於台北市北投區，鄰近捷運站巷弄裡的某棟公寓四樓，居住著一對母子。女兒芳琳住在娘家附近的士林區，平日早上她會陪母親用餐後才去上班，假日下午則送孩子回娘家給母親照顧，家人之間互動相處融洽，逢年過節也常和芳琳的婆家一同出遊，是鄰居們心目中公認的模範溫馨家庭。

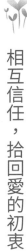

時間來到二〇一八年某天早上，芳琳把孩子交給先生送去上學後，她準備了三人份早餐帶回娘家，和母親、弟弟齊聚餐桌，一家三口邊看著客廳電視播報的九合一大選相關新聞，一邊享用早餐。但一塊燒餅才吃不到幾口的時間，母親突然感到一陣天旋地轉，隨即冒冷汗虛弱地趴在餐桌上，大女兒芳琳見狀趕緊攙扶媽媽到臥房休息，弟弟愷威則迅速遞來了一杯溫開水。

芳琳心想：「看來，暈眩症又發作了！」這是母親近一年多來常發生的狀況，看遍各大醫院、服藥治療仍未見好轉。自從父親在二〇一六年底過世後，家中氣氛也變得愈來愈不平靜……

躺在床上的母親待狀況稍微穩定後，對芳琳說：「孫子剛讓妳老公送去上課，妳也該去上班了。」

女兒芳琳一時語塞，吞吞吐吐地說：「呃……我下午有事……所以請假一天。」

此時母親話鋒一轉，突然說道：「先跟你們說好，我一旦走了，要與你們爸爸放在一起。」

芳琳無奈地說：「媽，大清早的，可以不要說這種不吉利的話嗎？」

母親喪氣地說：「我老了，先生也走了，就算可以再活，也剩沒多久時間了！」

愷威安撫說：「媽，我和老姊最愛您了，可以不要說這種話，好嗎？」

母親說：「要不是為了小孫子，真覺得再活多久也沒意義。對了，中午你阿姨要來接我去找一位老朋友，會出門一趟，晚上才回來。」

愷威擔心地說：「媽，您出門在外，萬一暈眩又發作了該怎麼辦？」

母親說：「我會帶拐杖，況且有你阿姨陪著，不用擔心！」

愷威試探地說：「您如果要出門，那我下午也和姊姊一起出去逛逛可以嗎？」

母親好奇地問：「你們姊弟倆要去哪？」

芳琳猶豫了一會兒，說：「光華商場，買工作用的筆電。」對母親隱瞞了下午準備前往的地點。

到了下午，姊弟倆準時來到我的服務處請益。姊姊穿著一襲春日風格的連身裙，任職於台北某軟體公司，性格堅強、獨立；弟弟戴著頂漁夫帽，身穿開襟襯衫搭配丹寧直筒寬褲，在家待業多年，性格溫和、依賴。

芳琳說：「導師，我媽媽近一年以來持續暈眩、心悸、噁心的症狀，有時甚至無法下床要人攙扶，還請您指引方向。」

愷威接著說：「這陣子媽媽連出門買菜都會隨身攜帶拐杖，以備不時之需。」

我說：「你們母親目前看來並無大礙，我排除是耳石症、前庭神經炎、梅尼爾氏症、偏頭痛性眩暈、脊椎基底動脈循環不全等問題。」

芳琳說：「不瞞您說，我們曾經到不少醫院求診過，但症狀遲遲沒有改善。」

我疑惑地問：「媽媽在家時也需要拐杖嗎？」

芳琳說：「她暈眩發作時需要人攙扶。如果家中沒人，才會使用助行器。」

愷威補充說：「出門的話我媽一定帶著拐杖。」

芳琳說：「我父親往生之後，母親身體便一落千丈，接連出現暈眩症、失眠、腰椎痠痛、全身癱軟無力等問題，還會心悸、胸口灼熱悶痛，常喘不過氣。」

我說：「她胸口灼熱悶痛是胃食道逆流引起，可以尋求肝膽腸胃科的醫師診治。」

愷威皺起眉頭，語重心長地說：「媽媽有照過胃鏡，醫生診斷是胃食道逆流沒錯。但暈眩症是目前最棘手的問題，也影響了我們整個家的氣氛。」

我評斷了許久之後，說：「你母親是因為自律神經失調造成暈眩，可到台大醫院詳細檢查後，由醫師開立處方治療。」

芳琳說：「我們去過很多醫院、診所，但就沒想過要去台大。」

我說：「到台大求診，按部就班耐心地遵照醫師指示，必定會逐漸康復。」

芳琳點點頭說：「好的！那麼其他身體問題，也是在台大檢查嗎？」

我說：「她除了暈眩和胃食道逆流，其他身體狀況都很正常。」

芳琳不解地問：「我媽常需要人攙扶，經常癱軟無力、心悸失眠，這樣正常嗎？」

我說：「我認為不合理的部分是拿拐杖，她並沒有暈眩到如此嚴重的地步。」

我繼續接著說：「問題癥結在於你們的母親因先生過世後頓失依靠，長時間處於焦慮及失眠，加上跟子女關係不佳，導致想要『依賴』子女，從中獲取安定感。」

愷威困惑地說：「但我們一家人相處和樂，沒有關係不好的問題。」

我說：「關係不佳是母親主觀的感受。」

芳琳反應敏捷，頓時明白了我的意思，以斷定的語氣回我說：「所以，我母親是假裝的！」

我說：「不能說是假裝，只不過是多了一點點的依賴。」

芳琳說：「我相信媽媽會假裝以暈眩嚴重作為手段，讓我們處處讓著她、順著她。」

我說：「暈眩是真的，需要子女多一份關心也是真的。」

愷威問：「我們常陪伴媽媽，為什麼她還需要假借暈眩來博取關愛呢？」

我說：「你們回想一下，當孫子在家時，母親的暈眩症狀是不是幾乎不會發作？」

芳琳恍然大悟地說：「真的！我現在回想起來，當我的孩子在的時候，媽媽的暈眩幾乎不會發作。」

愷威問：「還是這只是一種巧合，或是媽媽在孫子面前裝堅強呢？」

接著，芳琳向我敘述了早上母親發病的過程後，愷威疑惑地說：「但媽媽暈眩發作的時候，怎麼看都不像是假裝的。」

我說：「表面上看來，身為兒女的你們還有女婿，跟母親的互動都頗為良好，每天固定陪伴她、逢年過節會送禮，也頻繁地舉辦家庭聚會，經濟能力似乎也沒有問題，可是在父親離世後，隱藏已久的問題才逐一浮現。」

只見芳琳臉色凝重，若有所思地說：「我懂導師的意思了！」

愷威依然不解，帶著疑惑表情說：「我媽個性好強，應該不會用疾病博取同情。」

我問：「在幸福的糖衣底下，不覺得你母親總有哪裡不太對勁嗎？」

愷威猶疑地說：「可能……有一點。」

我接著說：「芳琳與先生兩人在交往階段時，母親並不贊同極力反對，愷威政治大學畢業後工作斷斷續續，讓母親既擔心又怨恨。」

愷威訝異地問：「媽媽怨恨我？」

我點點頭說：「對，她擔心你的事業發展，更怨恨自己把你教育成愈來愈像你父親的樣子。」

芳琳說：「我還沒有出嫁前，母親對我老公的確頗有微詞，因為老公事業仰仗公公，經濟大權在婆婆手裡，這點和我母親的遭遇一模一樣。」

我轉頭對愷威說：「你現在的花費來自父親的遺產，雖然夠用一輩子，這麼一來你也失去了人生價值。」

愷威有些不好意思地說：「但我可以陪伴媽媽啊……」

我接著說：「另外，你在外面偷偷交往的那位女友，母親會不認同。」

此時，芳琳瞪大眼看著弟弟，以質問的語氣說：「你什麼時候交女朋友了，我怎麼都不知道?!」

愷威無奈地對姊姊說：「我怕媽媽不喜歡我跟外省人交往。」

芳琳說：「都什麼時代了，還分外省內省，趕緊結婚比較重要。」

我說：「你們母親是外省人，她不想找跟自己出身相仿的人當媳婦。」

芳琳抱怨說：「從小我媽原本對我們的照顧無微不至。就在上國小以後，對我的態度愈來愈冷淡，甚至經常發生摩擦，我時不時被這個老公主挑剔、否定、嘮叨、嫌棄，直到出社會後，只想趕緊把自己嫁掉，好逃離她身邊。」

我說：「可是，妳很愛老公主，所以三不五時常回去陪伴她。」

芳琳坦承說：「很愛，但我內心卻還存在不少過去的心結，現在只是表面的一家幸福而已。」

我說：「我們千里迢迢來到這世間，把有緣的人安排為身邊的親人。然而，一個家庭需要『信任』作為根系、『共識』作為樹苗、『付出』作為養分，缺一不可。彼此信任、相親相愛、互相扶持，才符合我們原先的『初衷』，讓你、我、他都能一樣好。」

芳琳百般無奈地說：「老公主只會嫌棄我，嫌我脾氣不好、腿太短、髮質不柔順、有高學歷卻不當學校老師、教不好孩子……其實，她根本不喜歡我。」

我說：「妳母親的任何一句嫌棄，真相都是在指責自己。脾氣不好、腿太短、髮質不柔順……等，多數也是她有的缺點，不希望妳跟她一樣。但另一方面，又指望妳能完成她無法達成的心願，比如剛才妳提到的高學歷卻不去當老師，因為她年輕時也寄望有一天能從事教職。」

芳琳贊同地說：「導師說得對，老公主常說如果不是因為結婚太早又生了我們，她早就當上老師在學校教書了。」

愷威說：「我媽只會催促我要結婚、要有好的事業。」

我對愷威說：「你母親最怕你和父親同一個模樣，事到如今……除了學歷以外，其餘確實有點相像。」

我繼續說：「她自從生下你們以後，逐漸厭惡起自己的先生、婆婆，看不慣先生的性格，排斥婆婆的強勢，所以堅持想把女兒栽培成老師，期盼兒子出類拔萃，藉此擺脫她生命中遭遇的痛苦。」

芳琳感慨地說：「結果事與願違，我像媽媽，弟弟個性像爸爸，而婆家環境也像我的原生家庭。」

我說：「你們母親心裡的那份『不信任』從年輕至今未曾改變，當先生離世後轉嫁你們姊弟倆，以至於利用暈眩症外加其他身體狀況的延伸版，好獲取『被關注』的感受，用這種方式來印證孩子是愛她的。」

芳琳聽完，一語道破說：「所以我們家的老公主是因為不信任自己，導致不信任先生跟兒女。」

我說：「妳找到母親生病的癥結點了。」

愷威問：「癥結點找到以後，該怎麼辦呢？」

我微笑地說：「放心，芳琳會有辦法化解。」

由於時間限制關係，芳琳與愷威向我禮貌鞠躬後準備離開。此時，下一位在外等候已久準備請益的老婦人，匆匆忙忙地走進來，一旁擦身而過的姊弟倆不由得大吃一驚嚇出一身冷汗，而老婦人見到姊弟倆，也一時之間語塞說不出話來，令時間彷彿凍結的尷尬場面，持續了大約有十秒鐘之久。

老婦人故作鎮定地說：「你們倆不是要去光華商場，怎麼會出現在這裡？」

芳琳支吾其詞地說：「我同事介紹紫嚴導師給我，剛好預約到今天。」

愷威疑惑地追問：「媽，您的拐杖呢？阿姨有來嗎？」

老婦人說：「來見導師拿拐杖不方便，阿姨在樓下等我。」

見他們面對面尷尬不已，我趕緊上前緩頰說：「是緣分，才讓你們一家人不約而同巧合地前後請益。你們姊弟倆先到外頭等候，待會再請兩位進來。」

老婦人以命令的口吻對孩子說：「去外面等著，等回去後再問你們發生什麼事！」

待芳琳跟愷威離開後，老婦人來到我辦公桌前的椅子坐了下來。

老婦人對我說：「十多年沒見到您，別來無恙。今天有勞導師了，恰巧孩子們也來向您請益呀？」

我說：「我很好！雖然多年未見，妳身體依舊硬朗。今天，他們是專程來詢問妳的身體狀況。」

老婦人難為情地說：「我只是普通的頭暈，孩子們小題大作了！」

我說：「我有交代他們帶妳去台大醫院就診，可以完全治癒暈眩。」

老婦人含糊地說：「其實……沒有孩子們說得那麼誇張。」

我笑笑地說：「妳現在有預知能力了，竟然知道孩子們把病況說得很嚴重。」

老婦人面露尷尬的微笑說：「您知道的……我也是出於無奈呀！」

我說：「這無奈，讓他們姊弟倆擔心極了。」

老婦人緊張地問我說：「您沒告訴他們實情吧？」

我答：「來不及，剛才我都已經說了。」

老婦人為難地說：「唉呀！這下我這個當娘的要怎麼繼續當下去才好呢？」

我安撫她說：「放寬心，兒女能體諒妳的心情。」

老婦人有些不好意思說：「我也不知道自己怎麼會做出這種事……」

我說：「人之常情，只是寄望兒女能更加關注自己而已。」

老婦人嘆息說道：「唉！老伴走了，真怕孩子們會棄我不顧。記得第一次來找您是二十年前，當初沒機會發問請教您我和孩子們的劇本，還有我最終的結局是什麼？」

我說：「結局幸福，兒子、媳婦、女兒、女婿、外孫、內孫女都有，而且他們都很孝順。」

老婦人說：「唉呀，我真糊塗！說到媳婦，今天正是專程來請益我兒子的婚姻。」

我提點她說：「妳好，他們才能真正好好的。」

老婦人說：「我很好啊！但兒子到現在也還沒成家立業呀！」

我說：「自從有了小孩後，妳對先生反而產生諸多埋怨，這麼一來便把喜劇演成了遺憾劇。」

老婦人面露無奈表情，說：「我先生個性軟弱，只聽他母親的話，對父親的事業勞心勞力，卻從不積極爭取自己的權益，比起我大伯可天差地遠了。」

我說：「對先生的不信任，導致妳把希望寄託在子女身上，不料他們成年後卻不符合妳的期待，女兒擁有高學歷卻沒當老師，兒子自政大畢業工作卻不順遂，個性又和父親相似。一家人乍看之下幸福美滿，但每個人的心裡卻不信任彼此。」

老婦人點頭說：「我認同您所說的。」

我說：「與其說不信任先生，不如說妳不相信自己，否定了今生能擁有的美好結局，否定了兒女們會孝順的幸福劇情。」

老婦人說：「被您這麼一說，我好像走到了另一個分歧點。記得二十年前我在您臨時的戶外開講中，依稀記得您有提到懷疑自己，結局就會偏離。」

我稱讚她說：「妳記憶力也太好了。」

老婦人遺憾地說：「我少女時期本來立志要當學校老師，要不是因為嫁人生孩子的關係……」

我安慰她說：「我懂妳的苦衷，如今妳要更加信任自己，美好的結局正要發生。」

話一說完，我委託助理請在外等候的孩子們進來陪伴母親。一見到母親，芳琳隨即彎下腰環抱坐在椅子上的母親，兒子則陪坐在一旁，緊握著母親的手。

我對芳琳一家人說道：「過往的情緒像是一道『無法癒合的傷口』，即使歷經歲月更迭仍會隱隱作痛，造成家人間彼此的不信任和誤會。今天，我見到了擔心母親病情的兒女，也見到了愛子女心切的母親。」

老婦人語帶抱歉地說：「全是我的不信任，導致全家人互相猜忌。」

芳琳不捨地說：「怪我們當子女的不懂您老人家的委屈，讓您持續憂心、難受。」

我說：「同為一家人，**一旦著手於彼此『信任』，不時深度交流，閒話家常，累積『共識』，這份內心的『歸屬感』，才是真正屬於『家』的滋味。**」

這時，老婦人說：「導師，我兒子的婚姻您還沒提點呢！」

我反問她：「倘若妳現在接受了自己，是否同樣能接受未來的媳婦是外省人呢？」

老婦人看了看兒子，再回頭肯定地說：「只要能幸福，本省人或外省人都可以！」

我說：「恭喜！可以準備家庭聚餐，跟未來的媳婦見面了。」

老婦人驚訝地笑著說：「這……這麼快呀？」

愷威態度堅定地說：「導師，我願意積極找工作，未來才能肩負一家之主的責任。」

老婦人看著兩個孩子，寬心地說：「我的丈夫雖然走了，但有你們姊弟倆照顧就很滿足了。」

二〇一九年十二月二十二日，老婦人與子女們一同參加我在TICC台北國際會議中心大會堂舉辦的《勇敢層級》新書發表會，愷威拍下現場的全家福合照，並私訊到我的FB粉絲專頁。照片中每個人手中都拿著書，臉上洋溢著溫馨幸福的笑容，訊息內容除了向我表達感謝，還提到：「原來彼此信任才是愛的初衷、愛的基石。對自己好好的，對他人好好的，對環境好好的，讓你、我、他都能一樣好。讓我們一家人體驗到了什麼是真正的幸福。」

拾回信任化解心結的一家人，揮別了過去貌合神離的表象，迎向圓滿的結局。當晚閱讀完訊息後，我的內心既欣慰又感動，更相信屬於芳琳全家的這份溫情仍會持續下去。

孝道，是自古以來的傳統美德，是為人子女應有的表現，但許多家庭僅在社會文化標準下遵循著某種規範，為了營造一家和樂的氛圍，最後反倒讓孝順流於表面形式。過程中忽略了「個人感受」，人與人之間的「肯定感」，家庭該具備的「歸屬感」，只是積極地完成某種形式，刻意維持能讓他人讚許的好榜樣罷了。

一個「家」不是一間房子塗上油漆、擺放傢飾，再加上父母、兒女等成員這麼簡單；貌合神離的父母，會讓孩子的心靈無所適從。家，若只是空殼淪為形式，缺乏了「信任」，這個家將不再綻放真正的明亮；缺乏了「共識」，這個家將不再擁有真正的堅固牢靠，即使表面上看起來再幸福美好，也是一種孤獨，心底更會感到空蕩蕩難以踏實。

好好的小叮嚀

用「愛」對待，讓家和家人都好好的

父親是船，母親是帆，當中承載著心愛的孩子。家，透出了甜甜的滋味，在此起彼落的歡笑聲中分享生活，點點滴滴累積的回憶，更是幸福的動力。或許父母不是你渴望的模樣，或許家中不是你喜歡的氣氛，我想……可能只有等到父母百年之後，你心中的答案才是誠實而真切的。我想……只有等到這座堡壘消逝、劇終人散之後，你才會深深感激，想對著父母說：「爸，我愛您！媽，我好愛您！感謝您們曾來過我的生命裡。」當你開始學會用「愛」對待的時候，「信任」將自然地流露彰顯，當你開始「不信任」的時候，愛也將自然地「消失無蹤」。

每個人的神識藉由不同角色的置換，在輪迴裡深度體驗，從誕生到結局的歷程，猶如日出到日落一般。人們都喜歡日出，讚嘆著太陽冉冉升起時壯觀宏偉的景象，而日落，卻鮮少有人流連觀賞，因為日落是進入黑夜前的最後一縷微光。或許要等到父母已逝，你才懂得開始懷念起他們曾是多麼包容著自己；或許要等到你也年老，才懂得當時父母是如此深愛著你。

從子女到為人父母，每個角色扮演引領我們一層層更深入地感受，走進的不是回憶，而是「愈來愈深」的生命經驗。唯有真正用心邁向你內心的「踏實」，那麼距離你到來的初衷、美好的結局，也就愈來愈近。如果，家中每個人都能各自好好的，才是貨真價實的幸福。

天下父母都希望孩子們好好的，如果孩子也能對父母親真誠地付出，無非也是一種表達出「我很好」的方式。

第二章

過去決定現在？
現在決定過去！

現在好好的，過去的你才能好好的。
過去的時空，現在的時空，在你願意容納的那個片刻，
前後都重獲了新生。

你可以，重新活出更好的自己

人生，即使偶爾迷路，不時氣餒，無意失足，一樣可以過得很精采。

穿過你清澈的烏瞳，眼底埋藏著愛過的人，流過的淚，受過的傷，喜歡的，深愛的，捨不得的，走過的路，看過的風景。記憶，在歲月長河中積累成為你的體驗，或多或少留下了不可抹滅的印記，經過時間沉澱後轉化為你的特質，帶著自己的故事繼續完成人生旅途。每個人都有屬於自己的生命歷程，或是飽經風霜的滄桑，或是意氣揚揚的自信；或平淡，或波瀾，或壯闊。無論如何，你習慣帶著過去而活，失去了清醒的覺知，遺忘了擁有更新自己的機會。

往往記憶裡最深刻的情節，隱藏著你過往的情緒與感受。我們太習慣徘徊在過去的時光，背負著沉重的舊故事、舊包袱，卻告訴自己要放眼未來。你可能沒發覺到這雙眼眸裡，還保留著過去的慌張與徬徨，即使期許自己朝夢想的道路前進，卻遲遲缺乏積極的行動力，總是被跌宕起伏的心緒打亂，意志薄弱地被欲望、情緒、情感給左右。每回此刻的下定決心，過不久後心中仍是百轉千迴、猶豫不決；抑或是原本計劃好的方向，很快地卻又臨時反悔；或者決心不再往來的人，很快地又開始藕斷絲連、恢復了聯繫；或者決心學習某件事情，很快地繳了費用後卻又荒廢停滯、不再繼續。我們往往受到過去的習慣和諸多情緒制約，遵循著一樣的慣性，一樣的生活模式，過著被感受全權支配的人生。

如今的狀態，是過去的抉擇所造成。無論你有意或無意，同意或不同意，選擇或根本沒做出選擇，甚至是不如預期地放棄，或者無能為力地擱置，其實也都是一種抉擇，慢慢堆疊出「現在的我們」。目前的我們沒有不好，可是也沒有過得很好；從另個層面進一步來看，「沒有不好」指的是目前還好，而「不好」的是我們並沒有比過去的自己更好。

所謂的「更好」指的是「變化」，愈來愈明瞭的變化，愈來愈成熟的變化，愈來愈清醒的變化，每一年的自己「有別」於前一年的模樣；四年前為了打拚生存而活，三年前為了外界的他人而活，兩年前為了家人而活，去年為了自己而活，今年為了內心而活，明年則為了穿越過去而活，**把自己活出另一個層次，長成另一種模樣，這個模樣不是外表樣貌的變化，而是主宰生命的那個自己愈來愈別具洞見，愈來愈透澈，愈來愈平靜，走近你原本的初衷。**

破繭重生，逆轉劇本的跨時空奇幻之旅

今生，帶著自己的行囊，帶著自己的夙願，告別已逝的過去，只為了重新圓滿自己。

一趟未曾去過的旅行，充滿著許多驚奇與變化，有著難以捉摸的未知等待著你。陌生的城市，絕美的風景，藍天白雲下的錦簇繁花，艷陽下的沙灘海洋，大雨洗滌過後散發神祕氣息的人文古城……當身處異地，穿梭在各式各樣的景色中，讓人彷彿跟原本居住地的人事物暫時鬆脫了聯繫，一種我們只是到達了某個目的地，卻不屬於那個地方的反差，讓煩惱獲得短暫放風，內心世界更加輕鬆開闊，思緒不再紛亂，觀察力也變得敏銳，即使是路邊再常見不過的交通號誌，都可能吸引你的目光停駐。探索

未知是一場浪漫的旅行，更是許多人沉澱心情、讓身心煥然一新的方式。

如果只有一天的時間旅行，你會去哪呢？

或者是跟隨文字，與我同行展開一趟奇幻之旅……

你可能親眼見過極光，去過威尼斯、澳洲大堡礁、塞納河左岸的奧賽美術館，感受過沐浴在極光下的幸福，體驗過威尼斯面具節的狂歡氣氛，坐擁過大堡礁湛藍的海水和瑰麗的珊瑚礁群，欣賞過奧賽美術館裡展出的十九、二十世紀印象派畫作。儘管我從小遠赴國外求學，上述景點直至今日都未曾去過，雖然孤陋寡聞卻仍希望能透過文字，帶你進行一趟毋須花費的「偽度假」之旅。至於為何毋須花費？因為我最常經歷的旅行通常是包吃包住，且沒人向我索取旅費。

夜幕降臨。我暫時放下了繁瑣的事務，忙裡偷閒地遠離了喧囂的台北大都會及車水馬龍的壅塞交通，來到位於東部、群山環繞的香草度假飯店。

漆黑的飯店入口處，仍依稀可見佇立著兩棵樹齡悠久的大葉欖仁樹。飯店整體設計融入東方人文美學，一幢幢黑灰相間的抿石子方正建築，搭配清澈池畔邊高聳的棕櫚樹，洋溢著南洋峇里島風格，彷彿走進了世外桃源。經過幽靜的挑高大廳，來到飯店後方的香草花園，映入眼前的自然景色讓人心曠神怡。

靜謐的夜晚。圓月躲在薄透的雲絮後方流連，溫柔地注視著大地。我來到佔地千坪的香草花園，坐在藤椅上以幾張報紙充當枕頭，仰望天空享受這難得的安逸時光。微風低吟，氣溫微涼，迎面拂來的風彷彿能吹進心坎裡，帶走所有思緒，再吹動著身體與周圍花草們一同翩翩起舞；徐徐微風捎來了花草的芳香，令人宛如置身於普羅旺斯花田之中，夢幻極了！這裡沒有白天的喧嘩，唯有忘憂、空靈、清靜；皎潔的月，柔和的光，讓人不由得沉浸在蒼翠山林的自然花草環境裡，卸下了滿身疲累。

夜已深，萬物也跟著沉睡，周圍一片寂靜，植物在月光照映下顯得更加翠綠。正當我陶醉於當下的美景之際，不禁回想起從一九九七年正式成立服務處以來，始終兢兢業業，不曾騰出時間享受這般愜意。此時，一股若有似無的憂心，隱隱約約像是叮嚀著什麼，這種感覺像是出了遠門，才猛然回想起家中瓦斯爐火未關的那般心情。當下意識到進入飯店大廳時，我並沒有前往櫃檯辦理入住手續，不禁質疑起：「是在旅行嗎？也許是吧……」但為何身邊沒有行囊便來到目的地，這也太奇怪了吧？緊接著，再進一步回想自己究竟何時出發、搭乘什麼交通工具，愈想愈感到矛盾和衝突，頓時才恍然大悟此行抵達飯店的目的並不是度假。

「這趟前來的目的是尋人！」頓時我憶起了重要任務，急忙拋下眼前的景色，什麼翠綠、什麼空靈、什麼清靜的全都拋諸腦後，在有限時間內必須完成某件事，行程緊迫一刻也不能耽擱！我迅速起身，目光掃過香草花園及整排建築，隨即三步併兩步，從別墅區尋覓到套房區，逐一敲著每間房門，一間沒應答就換下一間，一層樓結束又換下一層。我反覆邊喊著：「詠芳？」、「詠芳妳在裡面嗎？」，邊懊悔著自己沒先記下她居住的房號，只好耗費時間一層層、一間間過濾。

時間像沙漏中的細沙，不斷地流逝著，心緒也像熱鍋上的螞蟻，不斷地焦急著。要在接近萬坪的百間套房之中找人並不容易，正當我一籌莫展放慢步伐時，走廊斜前方四間客房距離以外的房門內，隱約傳來細微的女子啜泣聲。我邁開腳步向前確認；敲了敲門未得到回應，再次呼喚：「詠芳是妳嗎？」但在反鎖的房門外等待許久仍沒人應答。左顧右盼確定四下無人後，我只好……穿門而入，對！你沒看錯，就是穿門而入。穿過門後，茶几和棕色沙發映入眼簾，房內燈亮著卻未見到詠芳。待我確認啜泣聲持續從這間客房傳出後，便往聲音來源的方向走去抵達門旁，再緩緩推開木製拉門，明亮的浴室裡，見到一幕令人心酸難過的畫面……

詠芳是位傻女孩，二〇一九年十月自從先生提出離婚後，面臨的是接踵而來日以繼夜的精神壓力。丈夫用盡手段逼迫離婚，婆家無所不用其極地爭奪孩子監護權，娘家又反對簽字離婚。在難以忍受你來我往的羞辱和紛爭下，她最終心寒選擇退讓成全男方，同意離婚協議，更放棄了摯愛一子一女的監護權，離開再熟悉不過的豪宅住家。但，恢復自由重啟單身生活的她，厄運卻似乎沒打算就此遠離，相隔離婚半年時間，詠芳竟確認罹癌。她拒絕家人、朋友的勸說，反對任何中西醫治療，對人生感到黑暗並充滿怨懟與絕望。

偌大的浴室落地窗與寬敞的浴缸之間，只見詠芳孤單一人抱頭蹲縮在地板一角抽泣著。從白色浴缸水龍頭流出的水溢滿了整個地面，連帶讓詠芳的裙子也被浸得濕透。

看著她哭泣的身影，我不捨地說：「詠芳，我們該離開這裡了！」

詠芳驚訝地抬頭蹙眉說：「導師您怎麼進來的?!能讓我待在這裡靜一靜嗎？」

我說：「妳的母親非常掛心，今天我必須帶妳離開這裡。」

詠芳皺著眉頭，面露痛苦表情有氣無力地說：「不用管我，我不想離開……」

我懇切地告訴她：「**我們能允許自己痛苦，但時間不能太長，否則就像傷口過了太久沒癒合，未來勢必留下不易復原的病灶，難以再癒合根治**。試著諒解過去，好嗎？」

聽我說完，詠芳情緒潰堤激動地說：「他，就是他，我恨透他了！當初就是在這間浴室，他坦承和女秘書外遇六年……賞了我一巴掌以後，還敢開口提出離婚要求！婆婆更仗著經濟優勢，脅迫我讓出孩子的監護權！我盡心盡力為了他們家付出一切，怎麼能對我如此殘忍！」

我安慰她：「我能理解妳的傷痛，可是妳今天必須和我離開這裡。」

詠芳痛苦地嘶吼著說：「求求您別管我！」

此時我語帶嚴肅、略為大聲說：「今晚再走不出去，現實世界的妳恐怕時日不多了！」

詠芳面露疑惑的眼神，問道：「什麼意思？我快要死了嗎？」

我回答：「妳已經罹患子宮頸癌第三期，倘若再不積極治療，到了末期存活率只剩不到百分之二十。」

詠芳訝異地說：「您說我得到子宮頸癌第三期，我怎麼都不知情？」

我苦口婆心繼續勸說著：「妳躲在這間客房太久，只顧著埋怨、抗拒，重複糾結在痛苦的世界裡，根本沒心思理會自己早已罹癌的事實。」

詠芳不解地問：「您剛剛說到現實世界，那……那這裡又是什麼呢？」

我回她說：「眼前所見、所感，全是妳自己睡眠中的深層夢境。」

詠芳不解地說：「夢境？這哪會是夢?!」

我告訴她：「**沉溺在痛苦狀態的人，都深信自己的痛苦是真實存在，無法自覺痛苦本質虛無飄渺，就像夢境一樣。身處在這種噩夢裡跨不出門也逃不出去。**妳若不信，不妨嘗試跟我走出這間房間看看。」

詠芳帶著哭花的臉，半信半疑地問：「好……但要怎麼試呢？」

我攙扶她起身離開了浴室，來到房門前，再點頭用眼神示意請她自行開門。只見詠芳手握門把持續轉動，不料卻怎麼樣也打不開房門。

詠芳慌張又著急地說：「為什麼打不開？我們被反鎖了！」

我解釋說：「不是門被反鎖，而是妳的心被自己的情緒困住，走不出這個房間。」

詠芳急得像火燒眉毛般大喊：「不可能！我打給服務生請他們來開門！」

我嘆了口氣說：「沒用的！那支電話對妳來說形同虛設。」

詠芳不可置信地拿起電話，邊翻找櫃台服務代碼邊撥號，不知按壓了多少次數字鍵，電話那頭始終等不到有人應答。

詠芳困惑地問：「為什麼會這樣？」

我回答：「這是夢境！雖然是夢，卻是堅固又跨不出去的地方。一切來自於妳當時的苦楚、抗拒、不諒解的記憶，成為了拘禁意識的場所。」

詠芳繼續說：「既然是夢，那可以叫醒我啊！」

我說：「不論是現實或夢境，**身處在痛苦深淵裡的人根本叫不醒；即使周遭親朋好友努力勸說，也難以動搖他們躲在撕裂的情緒裡，無法自拔。**」

此時詠芳自作聰明說：「那我用頭撞牆，撞破以後總有辦法出得去。」

我搖搖頭說：「沒用的，只會更痛。」

詠芳反駁說：「既然身處在夢裡，怎麼會覺得痛呢?!」

我反問她：「離婚的事也都過去了，妳又在難過什麼呢？」

詠芳聽不進我說的話，隨即狠狠用手大力捶打牆壁，試圖遠離這場惡夢。可想而知，手部重擊牆面後的反彈力道，讓她只能捧著敲打的手掌頻頻喊痛。

我繼續說：「不論現實或夢境，**身處深淵的人，愈是『抗拒』就愈『痛苦』，愈是『掙扎』就愈『離不開』。**」

詠芳狠狠盯著牆面爆粗口說：「媽的，我就是不相信！」

我提醒她：「縱使在夢裡也不可以罵髒話。愈不甘心下場愈糟，不怕痛的話妳可以再試試看。」

詠芳回過頭看著我，著急地說：「那該怎麼辦？您能進來也可以帶我出去呀！」

我答：「我沒辦法帶妳出去，因為這是妳自己創造的情緒現實，我書上有寫妳沒認真看。」

詠芳懇求說：「拜託您，尊貴的導師啊！像我們這種生過孩子的人記性不好，通常書看完也就忘得一乾二淨了，可以提示或透露一點嗎？」

我說：「妳必須解救過去被禁錮的自己。」

詠芳邊轉動門把邊為難地說：「我現在被封印在這個房間裡，該怎麼救過去的自己？」

我告訴她：「走不出去的空間是妳抗拒的情緒倒影，要讓『現在』和『過去』同步接受已經發生的事實。」

只見詠芳眉頭緊皺，邊轉動門把邊複誦說：「好，接受、接受、接受。」

我搖搖頭說：「光是嘴巴碎念接納沒有用，又不是芝麻開門。」

詠芳略為沮喪地說：「我真的不會，可以教簡單一點的方法嗎？」

我接著說：「**用平靜而堅定的心念去『容納』，這份力量才能跨時空同步傳遞到過去。**」

詠芳靈機一動，鬆開緊握的門把問道：「像籃球灌籃那樣？我專注地投出籃球進入籃框裡，把現在的心念正確傳回過去的當時對嗎？」

我點頭肯定地說：「很好的比喻！現在**讓專注力回到『此刻』，直到情緒逐漸平復，再由內向外告訴自己：『過去和現在，我願承擔所有發生。』**」

詠芳閉起雙眼說：「好，我試試！」

我接著說：「**訣竅是，現在承擔所有過去，過去要應允未來的自己更好。**」

只見詠芳淡然的神情中，透出不易察覺的輕鬆，平和地說：「我願承擔所有發生，都發生了，也承擔了。」

一陣子過去，詠芳的神情稍微緩和，深鎖的眉心逐漸舒展開來，高聳的肩膀也隨之放鬆下沉。此時門鎖發出「喀、喀」兩聲自動解開，詠芳聽到聲音驚奇地睜開雙眼，眨了眨眼睛後，急忙忙地開門走出客房。

來到了長廊，詠芳更是吃驚地張大了像是蛋型的嘴，喊著：「出來了！走出來了！」

看著她的背影，原本濕透的裙子已自然地乾了。她稚氣地歡呼著，沿著樓梯高興地跑下樓，一到香草花園在原地轉了兩圈，便順勢坐在草地上。我放下了心中的大石，坐回原先小憩片刻的藤椅上。

我們一同仰望幽藍深邃的蒼穹，薄透的雲絮飄散了，銀白的月光灑落在草地上。樹影婆娑，浩瀚夜空綴滿閃閃發光的星星，宛如細碎寶石灑滿了整個夜空，香草的清香也瀰漫在陣陣微風之中。

詠芳徜徉在草地上，回眸一笑對我說：「好美的夜空。導師，這真的是夢嗎？」

我回答：「好壞全是夢境，但也是妳的真實。受困的房間來自妳內心的糾結和怨懟，眼前的絕美景色來自妳全然承擔，我只是參與而已。但這確實是夢！」

詠芳問道：「幽禁或遼闊源於自己的內心，也都會成為我們的真實嗎？」

我說：「沒錯！不論現實或深層夢境都是如此。妳因自縛在過往的情緒裡，放任罹癌也不積極就醫治療，雖然情緒看似虛幻，但在取捨之間卻影響深遠。」

詠芳釋然地說：「**我的黑暗或明亮來自於取捨，所以選擇的權力永遠掌控在自己手上。**」

我點點頭說：「我們神識來到世間的初衷，是**『對自己好好的，對他人好好的，對環境好好的，讓你、我、他都能一樣好。』**對自己好好的是第一步，**把握現在足以改變過去與未來。**如今的妳釋放了情緒，回到現實後自然會選擇就醫積極治療。**一念之間逆轉過去的創傷，也改寫了自己的未來**，不僅會戰勝病魔，未來還能與孩子團聚。」

詠芳猛然回頭驚喜地看著我說：「真的可以和孩子團圓嗎?!」

我答：「把身體治療、調養好，不到幾年的時間保證會團圓。」

詠芳擔憂地說：「但仗勢欺人的前婆婆和前夫，不可能讓我與孩子見面。」

我語帶輕鬆地說：「莫大的牢籠也關不住正值青春期叛逆的孩子，他們的強勢作風反倒助長了孩子回頭尋求母愛。」

詠芳追問：「是真的嗎?! 導師您的話讓我信心大增，這不是夢吧？」

我翻了個白眼回應說：「這確實是夢，而且全是妳的夢境。」

詠芳以一本正經的態度說：「剛才您說的，是在夢裡哄我的吧？」

我說：「這確實是夢，但我所說的都是事實。」

我繼續說道：「**未來，其實早已經注定**。我只是來幫助妳走向美好的未來。」

詠芳問：「您的意思是指……我的未來早已走出離婚陰霾？」

我以肯定的神情回答說：「很有智慧。」

我繼續說：「在妳願意用平靜而堅定的心念去『容納』過去的『剎那間』，這份力量已經跨時空同步傳遞到過去，同時也注定了未來的結局。」

詠芳問說：「**我現在會好，是因為未來已經注定了那個好？**」

我欣慰地說：「妳太有智慧了！」接著告訴她：「**是妳未來已經注定的好，讓如今的妳能走出困境。**」

詠芳訝異地問：「所以，您的到來只是重新打開這道『選擇題』，讓我再次抉擇的嗎？」

我讚許說：「妳突然開竅了！」

詠芳俏皮地說：「我天生聰明，只是先前被離婚的陰霾給籠罩住了！」

接著，詠芳像孩子般舉手發問：「我要問一個問題，為何夢境可以如此真實？我以前的夢都非常模糊、不深刻，無法像現在可以觸摸到迷迭香、感受到風的吹拂，觸覺鮮明得就跟現實一樣。」

我說：「一般人扣除無意義的胡亂作夢，部分的夢是五感分明，直到夢醒之前才逐漸朦朧與模糊，甚至丟失絕大部分的細節。大多數人會全數遺忘夢境內容，也有少部分的人會隱約記得輪廓。」

詠芳再次確認問道：「導師，您剛才說這是我的夢境？」

我答：「對！我只是來到妳的夢境裡，勸說妳走出自我禁錮的房間。」

詠芳回：「可是您在現實說的話我也會聽啊！」

我說：「妳會聽，但過不了多久仍會恢復到原樣。」

詠芳認同地說：「也是，**倘若自己不願意，誰說的話都是耳邊風，再好的書不細細品讀也只是一堆文字，沒有靈魂的人只想要深陷在自己的感受裡。**」

詠芳接著繼續說：「您說我在現實世界罹患子宮頸癌第三期，跟這場夢有什麼關係？」

我說：「離開了禁錮的房間，現實世界的妳才會應允就醫。」

詠芳問：「我會這麼固執不看醫生嗎？」

我說：「妳母親三番兩次請託我，主因是妳走不出離婚傷痛，厭世到遲遲不願就醫治療。」

我接著繼續說：「回去後儘快就醫，未來要成為身邊的人穩定而堅強的存在。妳好好的，母親也才能安心、安好。」

詠芳點頭說：「遵命！感謝導師來我夢境裡託夢。」

我看著她又翻了一個白眼說：「不是託夢，我還活著！」

詠芳狐疑地問：「不一樣嗎？」

我無奈地說：「往生者回來才稱之為託夢！」

詠芳歉疚地說：「不好意思！」接著又繼續問：「咦，但我朋友也向您請益過，怎沒聽過您入她夢境呢？」

我說：「《緣來，就是你》、《緣來，我愛你》這兩本書妳該重新閱讀一下了，一切都是緣分。」

詠芳睜著烏溜溜的大眼轉呀轉地說：「我還有問題……」

我笑著說：「妳甦醒的時間快到了，該回去了！未來，無論遭遇到什麼，妳都要好好的！」

黎明，緩緩地褪去夜幕的黑衣，彷彿給了這趟旅程最後的祝福。周圍景色逐漸轉換成黑白雙色，詠芳回應的聲音已聽不見，身影模糊、消融到能穿透看見身後的景物，意味著她已離開這場夢境。此時，遠方傳來熟悉的iOS手機鈴聲，看來，我任務完成也該回程了。

幾天後，助理接到詠芳母親的來電，老人家語帶歡喜地表示：詠芳同意接受治療，性格也在一夕之間變得開朗，不再鬱鬱寡歡，終於看到煥然一新的女兒，讓老人家頻頻致謝。助理接完電話後趁空檔向我報告這件事，接著神情悠然地分享說：「**如果每個家庭成員都負責任好好的，誰也不讓誰操心，才是真正的幸福。**」

過往的創傷，在許多人生劇情裡上演，那是強烈的痛苦、恐懼、無助感，伴隨著各種景象和複雜糾結的情緒。

詠芳的夢魘起源於一連串婚姻暴力，導致她頓失自我價值、厭倦人生，甚至放棄進行癌症治療，在不自覺中步步埋下遺憾的種子，也讓深愛她的家人感到無比痛心。也許你無法理解，但對徹底陷入失望的人來說，那份「苦楚」是深刻的，是真實的，是重複的，是勝過理性的；創傷的回憶會反覆湧現在腦海裡，感受到自己仍真實地再度活在過往事件中，並對此感到恐懼，連聲音、氣味和痛楚都歷歷在目，有如身處拘禁的牢房一般。往往時間不見得能真正淡化傷口，事實上，**不管過了多久，未被處理的痛苦仍會被保留在「過去和現在的時空裡」，直到某一天崩塌潰堤。**

我們可能常會對受傷的朋友安慰說：「事情，都過去了。」經常對方給出的回應卻是：「我過不去。」又或者我們以鼓勵的口吻勸說對方：「大雨過後，就會天晴。」對方卻回覆：「我也知道，但心裡的大雷雨從未間斷，淋到全身就像發霉的臭麵包一樣。」這是因為痛苦是主觀的感受，一種因人而異的存在，像是思考被入侵般讓人深陷泥濘裡，難以自拔。

或許，有時候你會莫名地心情低落，不想做任何事，不想理會任何人，只想一個人靜靜獨處；陰霾的心情中有沮喪、有失望，和詠芳相似困在走不出的房間，不斷在裡頭徘徊踱步，怎麼走都是一樣的景色，一樣的情緒，一樣的跨不出去，像是個自我毀壞的過程。過去曾經發生的某些事總令你難以忘懷，尤其是那些刻骨銘心的往事更讓人糾結不已，惦記著過去的美好，不斷自責「如果不是……、我早就……」的強烈內疚感，往往來自無法言喻的悲傷，形成一種自我的「暗房」與「設限」，框住的是過往的情緒，設限的是當下的腳步，透過自我要求及自我責備的方式，試圖緩和內在強烈的遺憾與愧疚感。過去發生在你身上的創傷往往都不是你的錯，但任何不舒服的過去都會影響現在的生活。修復永遠是自己的責任，唯有你，才能跨越過去卸下身上背負的枷鎖。

好好的小叮嚀

坦承接受，才能釋放過往情緒的傷

過去時空與現在時空的自己，理性上過去的已經過去不復存在，但意識深處卻存在著「感受」及「意志」兩者相互重疊又相互影響，許多人看似生活在「現在」，但其實卻都活到了「過去」。這就像，我們都知道太陽與地球之間的距離約一億五千萬公里，現在能見到的太陽是八分二十秒之前的太陽，也就是「過去」的太陽，而不是「現在」的太陽。這就像，我們對某一個人產生過度的、爆炸的情緒反應，經事實證明對方並沒有惡意。既然如此，我們這些多餘又過剩的情緒究竟是來自何方？

其實，這一切來自於我們「過去」壓抑住或未釋放的深層情緒連貫到了現在，以往所忽略的不滿情緒全都回到「現在」來宣洩。理性本身受到大腦迴路、物理因素、個人觀點限制，但深層意識卻不受時間、理性制約，也因此介入了現在的情緒，有意無意叮嚀著你仍有尚未面對的傷痕。

愈想遠離負面情緒，愈難捨離負面情緒；與情緒對抗，往往兩敗俱傷。我能理解

面對過往的不堪就像要求你重回牢籠一樣，這並不容易；**可唯有現在與過去同步「接受自己」，才能釋放過往被自我情緒囚禁的俘虜。**

負面情緒不是我們的敵人，只是不小心迷了路、摔了一跤的自己。現在可以重新決定過去，可以重新接受過去，這句話不是要你從「理智」出發做出任何行為，而是「接受特定情境中引發的某個感覺」，平靜而堅定地對自己坦誠並「容納它」，這份力量便會跨時空同步回到過往的曾經，「現在承擔過去，過去要應允未來的自己更好」才能到達注定的未來。方法看似簡單卻需要反覆練習，有時正值負面情緒的當下無法立即做到，也毋須太勉強自己，或對自己過於苛責，甚至可以去「接納這個做不到」，或是「接納正在抵抗」的自己也很好。

慢慢地，你會感謝那些過往在無意間闖入生命裡的人，這時你會發覺：沒有不能改變的過去，你的世界也從未毀滅，而能擁有一顆閒適安定的心繼續走回初衷，成為全新的自己。

如今的我們能點亮過去，迎來旭日初升的陽光灑落心底，現在和未來分別在不同的時空裡，各自共度了美好韶光。

現在的你，能決定過去與美好未來

現在好好的，過去的你才能好好的。

為過去感到後悔的並非只有你，人人都有機會去經歷。每個人都曾有過往或因為當時的年少無知，做出了現在看起來的荒唐，做出了現在覺得的愚蠢，做出了現在不斷懊悔的抉擇。過往，是如今偶爾會回想起的懵懂，是燦爛美好或不堪回首的陳年往事，一幕幕的曾經，演成了現在的自己。我們背負著「過去」來到所謂的「現在」，一直以為是過去決定了現在的我們，但其實我們現在的心念，卻可以決定過去。

二〇〇一年，當時二十七歲的沈鵬是家中獨子，職業為瓦斯運送員，父親是工地板模工人，母親則是家庭主婦兼家庭代工，一家三口租屋住在三重巷弄內某間老舊公寓。由於成長環境條件不佳，沈鵬曾就讀台北某高職夜間部，往後因誤交損友半途休學，每天遊手好閒。人人都說近朱者赤、近墨者黑，很快地沈鵬開始沉溺於賭博，對人生抱持著僥倖心態度日，十賭九輸不斷借貸又追加利上滾利，不假時日已累積兩百多萬負債。在地下錢莊持續追討下，得知實情的父親一時激動引發腦中風住院，母親只能四處向親戚朋友借貸，償還兒子高額的負債。母親勞碌奔波的身影感動了沈鵬，讓他大澈大悟痛改前非，白天送瓦斯，傍晚回家協助母親做家庭代工，洗心革面務實工作以回報父母養育之恩。對未來茫然卻又渴望給雙親較好生活品質的沈鵬，在因緣際會下前來請益。

我見到他時，已經是戒了賭靠努力、勞力認真工作的沈鵬。猶記當時，他見到我除了禮貌問候之外，還謙卑地行禮鞠躬，令人印象深刻。

眼前的他，身著牛仔褲與黑色棉質上衣。仔細端詳不難發現衣服上留有一塊塊鹽漬痕跡，這是戶外勞動工作者體內鹽分大量流失，汗液中水分蒸發後，殘留無機鹽成分滲析附著在衣服表面所造成；乾裂的手指，被粗硬的厚繭包覆，看起來怎樣都不像是一雙二十七歲年輕人的手，而黝黑的皮膚則是在烈陽風雨下辛苦以勞力換來的膚色。

我以鼓勵的口吻說：「你能戒賭、脫離壞朋友又積極還債，很不簡單！愈來愈堅毅的個性，未來肯定不可同日而語。」

沈鵬愧疚地說：「真不曉得之前為什麼會鬼迷心竅沉迷賭博，造成家裡經濟龐大的負擔。」

我告訴他：「可曾記得你就讀國小時，常被班上同學嘲笑、排擠，笑你爸媽沒用，衣服破破爛爛？國中時又長期被班上同學及校外人士霸凌。成長過程中的強忍壓抑，造就你不服輸的性格，雖然想成為有錢人卻沒技能，想要讓他人刮目相看卻又無能為力，所以在壞朋友的影響之下，淪陷成了以小博大的好賭之徒。」

沈鵬神情悵然說：「我出身的家庭環境不好，小時候性格懦弱時常遭受霸凌，直到就讀高職夜間部後，我開始選擇反叛，要讓欺負過我的人後悔，結果自己卻先誤入歧途。現在我只想拚命工作還債，不能再讓爸媽對我徹底失望。」

我說：「你開人生第一個竅了，懂得為自己負責、為父母著想。」

沈鵬說：「未來我不再以小博大，只希望早點清償積欠親戚的債務。」

我說：「短期一兩年內你也還不完債務。不如先承認過去的自己，把傷害你的人當作激勵自己成長的動力。」

沈鵬臉色凝重地說：「坦白說，我無法諒解任何一個傷害過我的人，甚至可以說是極度痛恨！那種往死裡打的苦就像天要塌下來似的。我也曾經恨爸媽為何生下了我，以至於遭受到他人這般羞辱對待。」

我告訴他：「未來已經注定，你會原諒那些人。」

沈鵬咬著牙，帶著忿忿不平的情緒說：「不可能！那種痛，一輩子也忘不了。」

我苦口婆心地勸說：「有句話或許你現在無法理解，回去後期望你認真思量。**過去、現在、未來分別存在不同狀態的『自己』，唯有你『容納』、釋懷過去的不堪，過往的你才能卸下包袱，重新成就『現在』及『未來』的自己。**」

沈鵬眉頭深鎖說：「雖然目前聽不懂，但我會牢牢記得，回去以後慢慢消化。」

我說：「明年！你將遇到今生注定的太太，記得要好好把握。」

沈鵬自嘲說：「我窮到快被鬼抓走了，有誰會想嫁給我？」

我說：「能容納、釋懷過去的不堪，意料之外的好事都有可能發生。」

我繼續說：「這位女生家境小康，臉部特徵有著菱角嘴、蒜頭鼻，學歷略優於你，工作是外商的一般行政人員。」

沈鵬搖搖頭說：「這麼看來只能談談戀愛別指望結婚了，否則會窮到一起被鬼抓走。」

我微笑說：「別小看女人，當她們一旦認定了，怎麼趕也趕不走。」
沈鵬疑惑地問：「嫁到我們家得要一起還債，有這麼傻的女人嗎？」
我說：「不是傻，是愛！是她願意今生與你一起共進退的初衷。」
沈鵬沉思一會兒後說：「如果她敢嫁，我會盡全力讓她吃得飽、穿得暖。」
我說：「勇敢去愛，她注定是開啟你未來美好的那把鑰匙。」

愛，讓今生因緣成熟圓滿

時間很快地來到二〇〇三年，沈鵬專程送來喜餅及一封信。信中內容說道：他沒舉辦婚禮宴客，只有二十幾盒喜餅分送給女方親朋好友。他也非常感謝身邊的女人，不怕窮、不怕苦地和他一起努力、一起分享人生，直到登記結婚後才意識到原來自己值得被愛……

再次見到沈鵬是二〇〇五年，他與太太亭儒一同前來。兩人相識機緣是沈鵬送瓦斯到亭儒的外婆家而結識。沈鵬性格務實活潑，亭儒是安靜的宅女，這對夫妻從性格到外貌雖南轅北轍卻又互補長短。亭儒就讀高職日間部，畢業後從事百貨服務業，幾年前在朋友介紹下轉職到外商公司擔任行政工作，雖不善理財、鮮少下廚做飯，卻是個舉止優雅、善良、愛乾淨的好女人。這次沈鵬沒了乾裂的雙手，牙齒變得潔白，穿著整齊的格子襯衫和休閒褲，和相差四歲的太太挽著手同行前來請益。

我說：「幾年沒見，你整個人煥然一新，想必都是太太的功勞。」

沈鵬幸福洋溢地笑著說：「導師指定的人選必有過人之處。從牙齒美化到服裝儀容打理，都是老婆的精心安排。」

我說：「連同手上的厚繭，也是太太親手幫你修整的吧？」

沈鵬露出靦腆的笑容說：「全是老婆大人的功勞。」

此時沈鵬從袋子中拿出報紙說：「導師您上自由時報了，可以在下方簽名嗎？」

我微笑說：「又不是出書……」

接著，我轉回正題說：「你現在從事瓦斯運送工作，未來如何支付高額的家庭支出呢？」

沈鵬沉思一會兒後，說：「這是今天想向您請益的事，我打算開一間炸雞店，讓未來生活有所改善。」

我搖頭說道：「哪來的資金？況且炸雞店屬於餐飲業，並非你的專長。」

亭儒說：「導師，我老公雖然外表普通，可是他做事認真，負責又積極進取，資金部分我可以向娘家商借。」

我對亭儒說：「妳是好女人，但沈鵬不能開店。這並不是認真或不認真的問題，而是貿然創業太過躁進也容易失敗。」

沈鵬說：「再苦我都不怕，夫妻一起創業一同努力。」

亭儒堅定地說：「導師，雖然我們沒接觸過餐飲業，但透過學習應該也能駕輕就熟。沈鵬是一塊璞玉，人又勤奮，沒有他辦不到的事。」

我建議說：「創業的事先擱著，沈鵬你去應徵『老闆司機』的職缺吧。」

沈鵬疑惑地說：「開車司機嗎？可是我習慣送瓦斯桶耶。」

我說：「只是更換運送的品項而已。」

沈鵬應允說：「好，我會試著尋找老闆司機的工作。」

亭儒也跟著附和：「導師，沈鵬不會讓您失望，他的個性使命必達。」

我說：「亭儒，妳的出現注定轉變沈鵬的一生。」緊接著繼續說道：「沈鵬，還有另外一件事，切記！要積極修復父子關係。」

亭儒說：「導師您放心，我會幫忙！」

後來，沈鵬很快找到了司機職缺，轉職到某科技公司擔任總經理司機。由於務實、負責、自律且態度良好，深獲總經理肯定，多次於載送途中鼓勵沈鵬繼續進修完成學業，像貴人般不時給予提點。沈鵬也不負期望積極實踐總經理的期許，設定目標邊工作邊念書，閒暇之餘更和太太一起學習英文自我充實。

時間來到二〇〇八年第三次見面，沈鵬和懷孕二十週的亭儒一同前來，夫妻倆帶來了親手製作的冷凍手工水餃。

接下水餃後，我頻頻點頭稱讚說：「水餃粒粒飽滿，皮薄餡多，亭儒未來肯定是個好母親。」

沈鵬說：「老婆日夜研究食譜反覆練習，廚藝飛速進步，眼看就快要超越我媽了。」

我肯定地說：「亭儒確實是位有智慧的賢內助，沈鵬你也成長不少。」

亭儒微笑說：「感謝導師誇讚，多虧老公和婆婆大力支持，才讓我能鍛鍊廚藝。」

沈鵬接著說：「我不敢說有所成長，但日子過得愈來愈安心，每天精神飽滿上班，下班回家後則繼續讀書及協助家務。」

我問沈鵬說：「你不覺得自己變得更堅韌了，不再自卑也不畏懼困難嗎？」

沈鵬懇切地答道：「自從娶了亭儒，覺得凡事都有了希望。她支持我讀書、學習理財知識，也包容我易怒的個性。」

我說：「亭儒，**總在你脆弱時傾聽，在你無助時支持，在你悲傷時安慰，在你退縮時勉勵，在你暴躁時靜默，在你困難時伸出援手，沒有半句怨言地持續陪伴。**」

沈鵬說：「的確如此。老婆從來不跟我直接衝突，也沒聽過她說什麼抱怨的話，說出口的永遠都是『老公你好厲害呀！』、『哇！好棒呀！』、『太好了！』、『我們好幸運唷！』、『沒問題！』、『我們試試！』這些鼓勵的話，我都會默背了，只差表情沒有她來得自然。」

我說：「表情自然是亭儒的心境。她如果反對某件事或生氣時，會有什麼反應呢？」

沈鵬回答：「不同意某件事時，她會先保持沉默，等待時機適合才表達自己的立場。至於生氣倒不常見，頂多拉下臉不說話而已。」

我肯定地說：「心理素質沉穩冷靜，不同於一般女人。亭儒眼裡能見到你的優劣勢，在優勢中肯定你，在劣勢中支持你，這完全是愛的表現。」

一旁的亭儒謙虛地說：「導師過獎了，這全部歸功於我嫁到了一個好家庭，加上老公天資聰穎，就算遇到再困難的事，我們終究會度過。」

我對亭儒說：「妳腹中的孩子值得栽培，生產完後離開職場當家庭主婦。」

沈鵬聽完侷促不安說：「但是減少一份收入的話，恐怕會造成經濟負擔……」

我說：「亭儒任職行政人員太過浪費，最適合的角色是家庭主婦。」

沈鵬擔憂地說：「可是我媽常後悔當初選擇當家庭主婦，造成了爸爸的經濟負擔。」

我說：「別擔心！等債務清償完之後，錢財部分委請亭儒管理。」

沈鵬開玩笑說：「我老婆個性很節省，接下來恐怕要沒好日子過了。」

我說：「你們夫妻倆前世曾資助興建涼亭和廟宇，每一位走進涼亭乘涼與進入廟宇參拜的受益者，以因果來說，這些人今生都將成為你們的貴人，這份功德會在你們為人父母後逐漸體現。」

沈鵬提問：「為何是在為人父母之後？」

我說：「我反問你，如何判定水餃煮熟了？」

沈鵬說：「根據阿基米德浮力原理，水餃浮起來以後大致上就熟了。」

我說：「跟煮水餃一樣的道理，時間到了，因緣也就成熟了。」

我繼續說：「但目前因緣還未成熟，沒準備好的部分是修復父子關係。」

沈鵬說：「有，我目前已能跟父親正常溝通閒聊了。」

我說：「**容納自己的過去是『愛』，圓滿家庭關係是『愛』，亭儒對你的付出是『愛』，這份無私與前世資助興建涼亭和廟宇毫無二致，功德在今生便會同步成熟。**」

沈鵬問：「成熟的意思是……？」

亭儒看著沈鵬笑著解釋說：「就是水果熟了可以摘下享用，水餃熟了可以大快朵頤的意思。」

我讚賞說：「亭儒很有智慧。」

沈鵬點點頭說：「我會努力。」

最後，我為沈鵬打氣：「天道酬勤，繼續好好為老闆開車。」

二〇〇九年，沈鵬的品德與認真好學深受總經理信賴，從司機晉升兼任總經理私人管家，領有兩份薪資，為常赴國外出差的老闆打理私領域事務。

二〇一二年，沈鵬受總經理重用升任特別助理，位階在總經理之下，不屬於管理職卻是總經理幕僚，替總經理進行資料收集及研究分析，同時陪同總經理出席會議。夫妻倆理財投資得宜，隨後也在二〇一四年於新板特區置產。二〇一七年總經理更拔擢沈鵬擔任大陸分公司高層主管。

篤定感牽引內心，主宰生命劇本走向

二〇一八年九月，我與沈鵬印象深刻的一次面談，像是過去到現在的總體檢，也聊到了現在決定未來的話題。接送孩子放學的亭儒不克赴約，由沈鵬帶著禮盒和孩子繪製的教師節感謝卡片前來請益。坐擁四百多萬年薪，職場、投資皆順利的他，比起以往更加謙遜有禮，舉手投足之間絲毫未見意氣風發的高傲，神色也愈顯沉穩內斂。

我打開教師節卡片稱讚說：「你的孩子長大了，能繪製出如此溫馨的卡片。」

沈鵬神情莊重地說：「導師，對您修行人來說有點世俗，但感謝您多年來一路指引，無論投資、家中經濟、孩子、事業，都非常順心。」

我說：「我只希望每個人都能好好的。你最該感謝的人是父母，再來是賢內助亭儒，你的投資、事業、家庭關係、親子關係，亭儒是幕後功臣。」

沈鵬說：「亭儒是完美的好老婆，把孩子教育得愛讀書又懂事。」

我說：「假設沒有亭儒，現在你仍然是瓦斯行員工。」

沈鵬點點頭肯定地說：「應該還是個窮小子，只能繼續送瓦斯過日子。」

我說：「亭儒潛移默化了你的性格，從自卑變成了自信，從否定變成了肯定，從埋怨變成了感謝，把每種負面情緒都轉化成積極的動力，只有心思穩健成熟的女人才能辦到，俗稱『幫夫命』。」

沈鵬面露滿足表情說：「她支持我、鼓勵我，彼此相互分享，讓我待人處事更有彈性。可是……幫夫的女人不是常約束先生嗎？」

我解釋說：「愛約束先生的是沒安全感、控制型的女人。」

沈鵬帶著感激神情說：「回過頭來看，如果沒有她，我不會有今天的一切。」

我說：「當我第一眼看到亭儒，就確定她會帶給你成就，走出童年陰影。」

沈鵬說：「我完全認同！」

我接著說：「**幫夫的女人，本身毋須才華洋溢或家世顯赫，但她們有一心專注自己的堅持，有識得男人潛力的功夫，及看清優劣態勢的本領，平時靜靜地不動聲色，一旦丈夫遭受逆境、打擊、挫敗，便會全力支持輔佐丈夫。**」

沈鵬沉思一會兒後問：「所以她不愛抱怨，是因為懂得讓丈夫的情緒沉澱？」

我答：「沒錯！**幫夫的女人把跟伴侶的愛情視為一體，不計較得失與個人榮辱，因為她們更專注協助丈夫跨越難關，獲得受益的是『全家人』。**」

沈鵬說：「我經常思考，為什麼她能做到不壓抑又沒有任何一句抱怨呢？」

我說：「**不壓抑又不抱怨是內心境界，她的眼光著重在讓『整個』家庭更圓滿，**而非計較芝麻蒜皮的小事。」

沈鵬說：「回想起來，若不是老婆鼓勵我求學、讀書、學習，或許我永遠都只是個自怨自艾靠著勞力賺錢的人。」

我說：「亭儒的特質改變了你對世界的『感受』。心境改變，世界自然跟著改變，當下的每個抉擇，注定引領你邁向美好預設結局發展。」

我繼續說：「你們的孩子未來注定會非常有成就，都要歸功於亭儒耐心的教養方式。」

沈鵬說：「她對孩子確實很有耐性，就像對待我一樣。」

我說：「**幫夫的女人懂得去愛，是一種不過甜又不溺愛的付出方式，是一種有智慧又平靜的對待方式，全力輔佐先生完成事業及夢想，同時也完成了自己的期許與價值。**」

我繼續說：「她從不會下廚到如今廚藝了得，從不會理財到如今投資債券、股票穩健獲利，從職場轉職到了家庭，把丈夫、孩子、公婆關係經營得如此和樂，果真不是普通的世俗女子。亭儒的初衷很簡單，就是『**對自己好好的，對他人好好的，對環境好好的，讓你、我、他都能一樣好。**』」

沈鵬點點頭說：「誠如您二〇〇一年所言，她是開啟我美好的那把鑰匙。」

我說：「不畏懼會窮到被鬼抓走一路堅持陪伴的女人，該用心珍惜。」

沈鵬神情恭敬地說：「好的！我一定用心珍惜。」接著再繼續說：「娶了她，我感到踏實，凡事也愈來愈好。沒想到，最不具體的『內心感受』竟然如此重要。」

我說：「**水能載舟，亦能覆舟；內心，看不見摸不著，卻主宰了生命劇本的走向。**」

我繼續問道：「你還記得國小、國中傷害過你的人嗎？仍然埋怨他們嗎？」

沈鵬沉思一陣以後說：「依稀記得，但再次回想並沒有任何情緒起伏。」

我說：「你曾說過永遠不會原諒他們，並且說過恨透他們。」

沈鵬釋懷地說：「我有點難以回想過往的自己有多憎恨他們。」

我說：「當你真實容納過去的不堪，現在和過去即同時獲得了釋懷。**是如今的你回應了過去，過去也回應了如今的你。『如今』改變了『過去』，並重新『決定』了過去。**」

沈鵬問：「所以，是我現在重新賦予了過去新的定義？」

我說：「不僅如此，**在『時空中』同步協助了過去的自己。那個曾經自卑、無助、厭惡世界的自己。**」

沈鵬不解地問：「時空？」

我說：「對！或許有點深奧。你仔細回想看看，當初是什麼讓你放棄賭博？」

沈鵬說：「母親四處奔波，向親朋好友借錢的背影觸動了我。」

我說：「不少賭徒的家人也為了他們四處借貸，我們卻不曾見過那些賭徒真心悔改。」

沈鵬困惑地說：「所以是觸景開竅嗎？」

我說：「假設如今的你仍是負債累累的瓦斯送貨員，過去的你絕不會發生觸景開竅這件事。」

沈鵬沉思一會兒後說：「依您所說的，是未來『影響』了過去？」

我點點頭說：「**冥冥之中的『篤定感』，牽引著當時的你做出洗心革面的決定，包含之後的抉擇同樣出自於這個感受。**」

沈鵬說：「我完全同意您的說法。當時確實有種篤定感引導我往某個方向前進。」

我說：「**篤定感，來自『現在』容納了過去，進一步影響了『過去』。**」

沈鵬以震驚的語氣說：「還沒認識亭儒之前，我覺得不可能會有女人願意跟一個窮小子過一輩子。但在她出現後，我內心卻有著莫名的篤定感，認定『就是她了』。」

我問：「你知道是什麼讓你挺過艱苦的日子？」

沈鵬說：「是我太太亭儒嗎？」

我說：「除了家人與太太之外，是這份『踏實』的篤定感，給了你莫大的力量，支撐著過去的自己繼續堅持走下去。」

我繼續說：「篤定感超越理性、感性與頭腦分析，也不是衝動、魯莽，**是未來的自己全然接納過去，跨時空相互傳遞所發生的一種現象。**」

沈鵬恍然大悟說：「我好像明白了！」

我說：「既然明白，我考考你。假設一個女人愛上了某個人，心中相同有強烈的篤定感，但到頭來只是錯愛，兩人注定沒結果。這是篤定感嗎？」

沈鵬說：「導師，**那不是篤定感，是『執著』，是『賭定了』，賭博的賭。**」

我問：「兩者有什麼不同呢？」

沈鵬答道：「**我個人的經驗覺得『篤定是踏實中自然發生』，不強求、不刻意的堅定。換作錯愛，則是『執著』、『我非要得到』、『一定要贏』，是刻意為之的強烈欲望。**」

我點點頭示意肯定地說：「你愈來愈有智慧了，分析得很清楚。**篤定不是欲望、不是執著，也不是刻意為之。**」

沈鵬神情困惑接著問：「但我不了解，為何您先前要求我積極修復父子關係呢？」

我回答：「**多數人與主管相處的模式，來自小時候跟父親的相處經驗**。因為我們出生後面對的第一個像老闆的形象是父親，好比是人生中的長官。所以，親子關係不和睦容易反映到職場上，在面對與修復父子關係的過程中，同時也進化了自己與職場主管的相處模式。」

沈鵬恍然大悟說：「原來如此！我和老闆之間的好關係，確實是跟父親關係轉好以後才開始。」

我說：「**內化後良好的父子關係，才能讓你站在另一個制高點去『超越』原生家庭。而所謂的超越，是指你和下一代的關係不承襲上一代，進而延伸出全新的幸福互動方式**。」

沈鵬說：「誠如您所說，自從我和父親關係修復後，我發覺自己對待孩子的方式與父親對待我不同，像是軟體重組更新一樣，相處得更加融洽。」

接著，他繼續說：「自從改善了父子關係後，自己的情緒也變得更穩定。」

我說：「**與父親的心結在長大以後解開，同時也解開了自己童年的心結**。」

沈鵬問：「您的意思是連同『過往』一併化解嗎？」

我反問他：「你試著回想過去和父親之間的不愉快，如今有何感受？」

沈鵬泰然自若地說：「要強迫自己才能回想起來。而且我並不感到難受，反而覺得有趣。」

我說：「剛才我問你還記得國小、國中傷害過你的人，你回答：『依稀記得，可是沒有任何情緒起伏。』」

沈鵬說：「的確！父親跟過去傷害我的人，這兩者我完全感受不到任何不悅或情緒，但能肯定不是失憶，應該是……內心能平靜看待了，當中的『情緒』似乎發生了變化。」

我說：「**是現在與過去整體『感覺』雙向發生了變化。是如今的你回應了過去，過去也回應了如今的你，前後同時應允產生的狀態。**」

沈鵬從容地說：「這份感覺很獨特、很踏實。」

我說：「這是『愛』的初衷包容了人生跌宕起伏的劇情，才得以讓前世的功德順勢推升你如今的成就。」

接著我勉勵他說：「好好的帶著愛，繼續圓滿今生。」

沈鵬站起來向我深深一鞠躬，說：「感謝導師一路以來的指引，我會好好的！」

一個人的愛有四個層次：
第一層次：愛自己。
第二層次：愛家人。
第三層次：愛延伸到了群體與環境。
第四層次：無處都是愛。

愛的第一個層次是「愛自己」。由於每個人與生俱來的生理侷限使然，來到這世上要先設法滿足生存，只有活著，「我」這個個體才得以延續下去。當生存需求被滿足後，接著產生享受美食、改善居住環境、獲得群體社會認同、尋找伴侶……等欲望，焦點圍繞在以自己為中心。甚至與人攀比、競爭、利益交換、排除異己等等，透過積極手段達到鞏固自己的權益，好讓「我」這個個體能持續享受生活、滿足欲望。直到某天時空背景與心智同時在特定機緣下被觸動後，自然地會走入另一個層次，不再只愛自己，而是將愛延伸至周圍的人。

第二個層次「愛家人」。是從只愛自己逐漸到懂得為家人付出，並承擔起責任。這份愛不再只侷限於自己，而是放眼「整個家庭」且將其視為一體。嘗試消融自己去成就周圍的家人，以共同目標和價值作為原動力，在自我和家庭關係的互動中逐步取得平衡，積極促進和樂，凝聚家人共識，也是事件中亭儒的心理層次。

你的心境會決定在生命中遇見了誰。沈鵬小時候遭受霸凌，以至於在青少年時期沉溺賭博，後來在母親協助下大澈大悟，認真務實從事瓦斯運送員的工作，然而，家世普通的亭儒卻改寫沈鵬的未來。平凡無奇的女子卻擁有識得男人潛力的特質；她一心專注於自己的堅持，在丈夫遭逢挫敗時盡全力輔佐，默默鼓勵沈鵬成為更好的自己；放下自己的性格和追求，把愛情視為「一體」，不計較得失與個人榮辱，眼光放遠到讓整個家庭更加完善圓滿。從成立服務處至今，類似個案不計其數，印證了「每一個成功男人背後必然有個偉大的女人」。一個沉默溫柔的陪伴者，在男人奮鬥的路上發揮決定性的作用，這種決定性優化了男人的心境，並在脆弱時傾聽，在無助時支持，在悲傷時安慰，在退縮時勉勵，在暴躁時靜默，在困難時伸出援手；猶如細雨中的和風，孕育中的培植，潛移中的默化，最終將丈夫推向成功頂峰，一起在人生路上共賞宜人的景色。

好好的小叮嚀

真切容納過往，讓「現在」重新改寫過去和未來

從過去走著走著來到了現在，心底埋藏著愛過的人，流過的淚，受過的傷，喜歡的，深愛的，捨不得的，所有曾經走過的路，看過的風景。記憶，在歲月長河中積累成為你的體驗，或多或少留下了不可抹滅的印記。彷彿是過去的一點一滴，累積成為如今的我們；其實如今的我們也正同步決定著過去，**正在賦予過去「觀察世界」的角度，正在「支持」磕磕絆絆於過往的自己，正在同時解開成長過程中束縛已久的心結，為「過去」預先設定「轉機」**。

生命是一段不斷優化自己的過程。優化「現在」等同改寫了「過去」，倘若如今的你真切地容納了過去，深層意識的整體「感覺」會發生雙向統一的變化。但倘若你只是「嘗試性」地接受過去，意識它將不會發生任何事，因為你只是帶著「遠離」心態再試圖靠近而已，只是不得已而必須妥協，像是沒魚餌的魚鉤只能試試水深卻永遠釣不到魚，那麼「過去」永遠無法給出正向的應允，自己永遠瞞騙不了自己。

如果過去是「冰」，待你用「溫暖」將它融化；如果過去是「恨」，待你用「愛」將它包圍。若你的「篤定」容納了過去，當下心情會是和緩而平靜的，當你再次回首不堪的過往時，心緒已不再攪動翻騰，當你再次回想創傷的過往時，已是過眼雲煙的淡定自若，那麼過去的你會有跡可循，朝向如今的你走來。

過去的創傷並不存在，是現在重新決定了過去，是如今的你回應了過去，過去也回應了如今的你。是現在一直在改變過去，不斷為過去「揭示」著某個未來，不斷給予過去前所未有的「篤定感」，支持著你走到了今日。感謝過去的懵懂，成就了現在的自己；人生這趟旅程，唯有現在好好的，過去的你也才能好好的。

過去的時空，現在的時空，在你願意容納的那個片刻，前後都重獲了新生。

現在和過去各自安好，未來才會好好的

「看樣子，我的婚姻毀了！」

熙雯話一說完，不停搓揉手中剛擦完眼淚的面紙，神情若有所思，眼神空洞發直，彷彿穿透了坐在對面的我一般。她長嘆了一口氣，指尖用力把面紙邊摳邊剝成細小碎屑掉落在桌面上卻完全不自覺。此時她內心盡是一片茫然，不禁潸然淚下，一顆顆斗大的淚珠不停從眼眶順著臉頰緩緩滑落，留下一道又一道的淚痕。

我安撫她說：「或許是誤會呢？」

只見熙雯眉頭緊皺，屏住氣息不發一語。

我緩頰說：「妳先生半夜不睡，躲在書房滑手機、傳訊息，不見得是發生外遇了。」

熙雯帶著剛哭完的鼻音，對著我說：「以往他的作息是閱讀到十一點準時就寢，但這半年來他不時滑手機到清晨兩、三點，對我的態度不只冷漠，更幾乎完全變了個

人。」

我繼續緩頰說：「或許他是用滑手機來釋放白天的職場壓力。」

熙雯別開目光，注視桌面冷笑說：「在我看來……是不愛了吧！」

我趕緊轉移話題：「孩子透過規律的運動，過敏應該有好些了吧？」

熙雯反應機伶地說：「導師，請您別轉移話題。告訴我，他是不是外遇了？」

我說：「倘若小狗離家失蹤，跑去哪不一定重要，最重要的是趕緊找回來。」

熙雯說：「小狗跑去認別人當主人，跟不小心走丟是兩回事。」

我說：「能找回來最重要。」

熙雯略為提高音量說：「就算人回來，心沒回來有什麼意義？」

我淡淡地說：「也是。」

熙雯說：「導師，您明明知道所有實情，為什麼不明說他是否外遇？」

我說：「衣服髒了可以洗，東西丟了可以找。我真心希望妳能愈來愈好。」

熙雯反駁說：「杯子破了，還能使用嗎？蛋糕壞了，還能吃嗎？我更不能忍受是他在孩子面前大呼小叫，為下一代做了最壞的榜樣！」

接著，熙雯拿起手機翻找照片遞給我說：「女人的直覺永遠是驚人的武器。這是他清晨一點四十分用耳機跟對方視訊通話，我透過門縫偷偷拍到的照片。」

我看了看說：「能清楚看到一名男子拿著手機正在視訊沒錯，只是這張照片拍得很模糊。」

熙雯說：「我看到的當下腦袋一片空白忘記對焦，只能匆匆忙忙按下快門。」

我說：「既然妳沒選擇拿照片與他對質，表示仍寄望婚姻可以繼續走下去。」

熙雯說：「我打算請益之後，再跟他好好談離婚。」

我提醒她：「你們倆如果再沒共識，兩個月內必定離婚，孩子會被迫成了單親之子。」

熙雯怒氣沖沖地說：「是這個男人自找的，我決定離婚！」

我急忙說：「不，這一切起源不是妳老公的問題，不能全數咎責到他身上。」

熙雯激動地說：「他外遇，不是他的錯又是誰的錯？那天我還看到某間飯店的發票，我忍他忍了快三個月。導師，您不能再幫他緩頰說話了！」

我說：「當見到一個在大海中快要溺斃的人，我會二話不說跳進海裡救他，而不是先檢討他為何會掉進海裡。」

熙雯固執地說：「不管，我決定要離婚！」

我誠懇地說：「妳決定離婚的心念至少持續一個多月，這種想法才是最大的問題！」

熙雯音量再度拉高辯駁說：「多數的女人，正常的女人，發生老公外遇這件事談離婚有什麼問題嗎？」

我語重心長地說：「如今的妳正在改寫過去，再這麼下去……恐怕只有離婚一途了。」

熙雯疑惑地問：「我不明白您的意思，過去會因為現在而改變？穿越時空嗎？」

我說：「**軀體無法穿越時空，心念卻可以！堅定的心念會改寫不同的時空狀態，甚至影響如何抉擇。**」

熙雯說：「您的話讓我思緒混亂了。是因為緣來，就是你？是因為愛？能清楚地告訴我嗎？」

見我沒有回應，熙雯焦急地繼續追問：「是離婚的心念嗎？」

我說：「對！妳這陣子醞釀離婚的堅定心念，已經傳遞到十幾年前準備結婚前的自己身上。」

熙雯面露不解，問說：「什麼意思呢？」

我說：「試著回想十幾年前正準備出嫁的妳，在籌辦婚禮過程中莫名發生了一些詭異的事件，把最初待嫁的喜悅給抹煞掉了。」

熙雯沉思著，不發一語。我繼續接著說：「當初一夕之間莫名懷疑起這場婚事，頻頻覺得自己會嫁錯人的心念，持續困擾了妳一段時間。」

熙雯吃驚地說：「確有此事！本來我還滿心期待結婚，花了不少心思籌備婚事跟選喜帖、喜餅。但就在某天準備上班的早上，內心竟湧出會嫁錯人的直覺或者說是一種感覺，連我自己都不清楚這念頭是從哪冒出來的。當時對方沒做錯任何事，照道理說我不可能有如此脫序的想法。」

我說：「這種心理錯覺，攪亂了妳當時的認知。」

熙雯瞪大雙眼直視著我說：「有！我記得很清楚，當時我明明就預約好中山北路某間婚紗店試禮服，事前也打過電話確認，到了現場卻被告知沒有預約。我當時火冒三丈，趕緊查找通話記錄佐證，怎知不管再怎麼找，那兩通電話居然就這樣憑空消失。」

我說：「更巧合的是，妳還和前男友不期而遇。」

熙雯趕緊轉移視線，撇過頭看向一旁說：「下班時偶遇到的……沒錯！我與前男友事後有密切聯繫，他積極地尋找跟我復合的機會。」

我問：「妳母親當時有說些什麼嗎？」

熙雯回答：「我媽當時扔下一句話：『女人要為自己的選擇負責，好壞是自己的命，嫁人後不能後悔。』」

我說：「當時，妳動過取消婚禮的念頭。」

熙雯若有所思，依舊把頭撇向一旁，不敢直視我說：「我……在前男友出現後，確實有過多次想提出延後婚禮的念頭。」

我問：「妳怕自己嫁錯人嗎？」

熙雯欲言又止，放低音量小聲答道：「應……該……算是吧！」

我再問：「妳找父親商量過延後婚禮是嗎？」

熙雯回：「爸爸愛面子，所以被他臭罵一頓後就否決了。」

我說：「被莫名脫序不想結婚的衝動籠罩，這情況是到了度蜜月時才消失的吧！」

熙雯猛點頭說：「出國度蜜月的過程非常微妙，彷彿回到剛戀愛時的狀態。返回台灣後，我毅然決然切斷與前男友之間的所有聯繫管道。」

我說：「妳恐怕不知道這一連串的詭異事件，源自目前這一個多月來想離婚、覺得自己嫁錯人的心念所導致。」

熙雯皺眉說：「我不知道！但我現在真心覺得自己嫁錯人了！」

我告訴她說：「**如今受挫的時空『對接上』過去的以往**，前、後都認為自己嫁錯人，其實全是現在這份『堅定心念』造成的誤會。」

熙雯疑惑地問：「過去的我有這種想法，現在的我也有這種想法……所以，兩個時空對接了？那假設我現在捨去離婚與嫁錯人的想法，過去的我是不是也會有所變化？」

我答：「會！堅定的心念不受時間、空間侷限。」

熙雯說：「可是這麼一來我還是嫁給這個人啊！我不要！這男人爛透了！」

我苦口婆心向她勸說：「如今妳仍然沒脫離『嫁錯人』的堅定心念。不妨試著回想過去度蜜月的時光、風和日麗的景色、甜蜜的兩人回憶。」

熙雯思考了一會兒說：「我整個人覺得很衝突，腦袋中有痛恨，也有甜蜜。」

我說：「帶著堅定心念『接納過去』，包括失去前男友的遺憾、嫁錯人的錯覺、想悔婚的衝動。」

熙雯搖頭說：「好難，我感到抗拒！」

我說：「**現在與過去心念一致，就像水泥遇到水自然結塊、硬化後產生強度；當下的心念正是切入點，愈堅定愈能發揮影響力。**」

熙雯說：「真像是自己挖坑讓過去的自己跳下去。」

我說：「如果妳現在婚姻幸福，過去的時空也不可能遭遇那些詭異事件。」

熙雯正色地說：「導師，我相信您也信任眾神！」

我點點頭說：「讓眾神修復妳在時空中的Bug，喚回原本的愛和真心，一切要再重新來過。」

熙雯語氣堅定地說：「既然從頭到尾都是自己闖的禍，就該重新負起責任，好好面對這件事。」

我肯定地說：「很勇敢！」

熙雯沉澱情緒後，語氣和緩下來說：「我覺得老公是否外遇的答案已經不太重要了，當務之急是處理自己的Bug。」

我說：「**每個人各自擁有不同的生命課題。人們經常選擇從外境尋找某個『機會』、某個『黑鍋』，藉此掩蓋、逃避某個內心『跨不過』的情緒。**」

熙雯說：「我懂您這句話的意思。緊抓老公的外遇問題，當作掩飾自己不用心經營婚姻的藉口，把錯完全怪罪給這個爛男人，才導致婚姻失敗。人性不愛自我檢視，只喜歡在是非對錯中合理化自己的行為。」

我讚許說：「很有智慧的觀察。」

熙雯說：「我願意回收嫁錯人、怪罪老公、自卑、猜忌的堅定心念，從過去到現在全數撤回。」

接下來，熙雯閉眼沉思一會兒後，露出一雙清澈的眼神對我說：「我怎麼突然覺得心裡透亮了起來？光線像從屋內往外照耀到漆黑的庭院，有種如釋重負的感覺。」

我說：「Bug只是被暫放到隔離區，回去後勤加練習，Bug會自然修復。」

熙雯說：「**我現在認定是過去做錯決定，導致過去的自己懷疑未來，才引發如今陷入在過往的泥沼狀態裡。**」

我說：「對，是雙向的Bug。」

熙雯提問：「如果壞的堅定心念會傳遞到過往，那麼好的堅定心念也會嗎？」

我回答：「當然！好壞都會造成影響。」

熙雯乾脆地說：「好，我不想離婚了！」

我說：「女人心海底針，說變就變！」

熙雯堅定地說：「我知道如何在兩個月期限內改寫歷史了！」

我笑說：「這是台大生的魄力嗎？」

只見熙雯帶著篤定笑容，俏皮地點點頭回應，結束了這次的請益。

外遇，是婚姻關係中的一大危機，不論男女都有機會發生。每個人心底都存在某些幼稚又有待被填補的欲望，通常不是另一半能夠配合，因為沒有人能做到一人分飾多角。較不成熟又無法處理自己失落感的那一方，容易把欲望拆分成多個區塊，在生活裡交由不同的人去負責滿足，成了名副其實貪心的外遇者，事件裡熙雯的丈夫即屬於上述類型。某次機緣下認識與太太性格相差甚遠的女子，恰好補足內心裡的期望，因此逐漸發展出不倫的婚外情關係。

婚姻永遠是兩個人的故事。彼此之間該如何坦誠溝通與經營、情感是否相互交流、觀念能否達成共識、付出與回饋如何拿捏平衡、是否願意一同成長，造就了結局是幸福圓滿或以悲劇收場。因此，婚姻可說是世上艱難的一門功課。然而，當我們能先自我覺察，明白自己心底真實的渴望，熟悉內心的不成熟與陰暗面，能適當表達和接納自己的情緒，就不容易持續做出傷害對方或偏執的行為，有助於婚姻關係的改善。

其實，在婚姻關係中埋下最大地雷的通常是自己。我們忽略了成長過程中還「來不及」跟上的心理狀態，帶著過往存有Ｂｕｇ的心念過著現在的生活，在時空中，過去與現在同樣充滿著阻礙，像是許久未更新的手機程式，無法正常運作。而解決方法很簡單，只要按下更新鍵等待完成更新，在心智上接納「過往」，以堅定全新的心念安住「現在」，再等待時間逐漸醞釀，改變的將不只是現在，連同過去與未來都能獲得同步更新。

專注聚焦自我，人情關係隨之對應轉變

事隔十個月，二〇一八年三月，印象中當天是台灣桃園機場捷運通車的前一天，熙雯神采奕奕地手提台北某知名Ａ開頭品牌的蛋糕前來。

熙雯說：「導師，小小的阿X蛋糕不成敬意，請收下。」

我笑著說：「神色自若的妳，看來是改寫歷史了！」

熙雯俏皮地說：「誠惶誠恐，我真的太佩服自己。」

我說：「願聞其詳。」

熙雯正色說道：「請恕我不再用成語接龍。上次請益完當天，我便打消了離婚的念頭，對老公先採取不動聲色的方式。之後用了兩天時間想通與您之間的對話，**把過去與現在的心念假設成無線通訊，任何一方的心念愈堅定代表訊號愈強，同時會產生主導地位；如果過去較強烈的話會影響現在，現在強過以往則會影響過去。**」

我說：「比喻得不錯，接下來妳怎麼做呢？」

熙雯說：「想離婚、覺得嫁錯人是現在主導了過去，只要現在堅定接納這兩者並保持信心，一段時間過後肯定改寫歷史。」

我問：「結果呢？」

熙雯自豪地說：「當然改變了！而且是始料未及的超級無敵滿意。」

我再問：「過程是……？」

熙雯接著說：「接納後我的心情變得格外明朗且不再疑神疑鬼，也可以說不再糾結於老公是否外遇的情境裡，而是『焦點完全只專注在自己』。就這樣沒過幾天的時間，內心發生了難以形容的感受，很安心、很穩定……不知該用什麼形容詞來表達這種狀態。」

我說：「篤定感、踏實感。」

熙雯驚喜地說：「對！對！導師真不愧是作家，就是篤定的感受。」緊接著又迫不及待地說：「持續練習不到一個月，老公停止在半夜玩手機的習慣，下班回到家用完餐後，就待在書房看書接著洗澡，到了十一點準時乖乖回房睡覺，整個作息回歸正常。」

我說：「意料不到的變化。」

熙雯說：「完全料想不到！我只是專注在自己的練習、信任那份篤定感而已。時間來到第二個月，老公破天荒邀約我和朋友一同露營，我們還添購了一系列高級露營裝備；他本身是個潔癖鬼，竟然願意睡帳篷露宿郊外，讓我一度無法置信。但也因為籌辦活動的關係，我們倆的話題跟交集都增添了不少。」

熙雯露出滿意表情，繼續說道：「直到今天，我們彼此的關係更勝以往，能無話不談，一同露營、看海，而且老公竟然能用心感受我的感受，完全出乎我的預料。比起過去，我們變得更有默契，有時像摯友，有時是夫妻，又是情人，有時又像家人，這段期間收穫非常多。當我能感受到『愛』，同時也就能『去愛』，毫無阻礙地產生共鳴，這就是我期待已久的婚姻狀態，如同您剛剛所說的篤定和踏實。」

我微笑肯定她說：「很值得為妳喝采！」

熙雯說：「我懷疑十多年前蜜月旅行的浪漫，是如今已轉變的好關係反映到了過去。」

我點頭說：「妳說得很好！」

熙雯說：「**過去的歷史或許沒被完全改寫，但心境和對世界的看法卻有改變。**」

我說：「**其實，改寫過去的心境，連同未來也被改變。**」

熙雯以完全理解的神情說：「如今的我，正是過去的未來。我把婚姻經營成為自己最想要的樣子。」

我問：「現在妳還追究先生是否外遇嗎？」

熙雯回答：「完全不追究，也不想追究。因為我篤定他已經和外遇對象分開。**當我知道如何『掌握』現在，就能『改寫』未來。**」

熙雯繼續接著說：「我得到一個結論，從過去來到現在是『不信任』和『疑心病』

作祟，當我修復完自己的Ｂｕｇ時，老公就跟著發生奇妙的轉變。」

我問：「妳知道先生為何突然改變嗎？」

熙雯說：「可能是過去和現在時空的Ｂｕｇ解除，導致問題的核心消失，好比遙控器重新裝上新的電池，恢復了原本應有的功能。」

我說：「抱怨，對生命沒有任何幫助。因為我們永遠無法控制別人，能做的只有調整自己，**往往在專注徹底改變自己之後，別人的態度也會有相對應的轉變**。簡單來說，**『感覺』對了，彼此間同樣也融合了**。」

熙雯欣喜地提高音量說：「正是這種感覺！我只專注自己的改變，也沒在乎他是否配合，完完全全只專注自己，意外讓老公態度跟著轉好。」

熙雯高興地接續說：「我把時空觀念運用到職場上也很好用！」

我說：「運用在妳任職的局處裡、名叫怡華的同事身上嗎？」

熙雯笑說：「您的記憶也太好了！我們先前簡直是勢不兩立，行禮如儀的表面下暗潮洶湧，彼此不時上演明爭暗鬥的戲碼，但這段困擾我多年的同事人際關係，終於在近期順利化解心結。」

熙雯繼續說：「以往我覺得她是虛偽、胡扯、惺惺作態的人，長官全是瞎了眼才會信任她。練習之後，我遇見自己過去嫉妒、愛攀比的個性，形成一連串對同事的偏見。」

我說：「妳能坦承自己的嫉妒，對一般人來說並不容易。」

熙雯說：「我接受自己過去的無知，這樣練習後，很神奇的事發生了：我突然不再討厭她，心裡也沒有疙瘩，能自然地跟她互動討論公事，一切的感覺似乎都變得很對味。」

我說：「妳能坦承過去，表示接受了心底的黑暗。」

熙雯說：「當然接受。**過去、現在都是我，不能切割的我。**」

我說：「專注自己的改變，彼此互動的『感覺』才漸漸對了，便會自然地融合。」

熙雯點點頭說：「果真是這樣！現在的心念正確，接納過去的自己，感覺對了，未來也就改變了，也愈來愈喜歡自己！」

我說：「**只有現在和過去好好的，未來才會一同好好的。**」

好好的小叮嚀

向內觀察、重新接納，迎來生命燦爛陽光

或許你認為：「要接受所有不情願的事發生在我身上，那是多麼地不容易。」然而，不情願、抗拒的背後來自無法接受「傷痛」、「恐懼」、「內心黑暗」，甚至向外尋找有利於自己的證據，怪罪某件事與某個人，試圖逃避某個內心跨越不過的情緒，也容易變得非常脆弱，禁不起他人輕輕碰撞，隨時有引爆的可能。如果無法承認與接受，類似的情況就會重複上演，**直到我們真正去「認識它」才會停止**。這就好比半夜在漆黑床邊忽然看到多出個黑色人影，被嚇得毛骨悚然，直到打開燈才發現它只是夜光下檯燈的陰影，**當你「看清楚」的那一刻，恐懼便自然消失**，能無所畏懼地再度回到溫暖被窩，一覺到天亮。因此，迴避、抗拒、痛苦是來自我們對這件事物「不透澈」所導致，並且聚焦在外界，對內失去觀察的結果。

打開燈能看見黑影只是夜光下檯燈的陰影，把這份「能見」向內來觀察自己，就是「認識自己」的第一步。只是一般人無法持續太久，因為我們從小被教育成要向外看、向外追求、向外尋找，向外等別人評價你……失去向內洞察的習慣與能力，所以

需要時時自我提醒與持續鍛鍊，漸漸地你將超越所有的過去。

第二步是「重新接納」過去的傷痛、恐懼、內心黑暗、羞愧與抉擇。**所謂「接納」是「承認」它，卻「不需」賦予它任何的意義，就像是確認某些事物的存在，曾經是那樣就好**；好比「確認它只是夜光下檯燈的陰影」一般，知道是陰影就好，看得清楚就好，不再添加任何想法或動作。心無旁騖地「安住此刻」，過去、現在、未來的自己就能好好的。

何不允諾自己：「現在決心重新開始，未來就有新的可能。」**好好接納過去，專注改變現在的自己**，堅定的心念會改寫不同的時空狀態。唯有「現在的你」重新承認、容納，才得以釋放「過去自己」的不堪，在不同時空都能好好的，是創造未來的關鍵，也是生命意義的所在。

願你在生命中擁有更多燦爛的陽光，願你把握生命中的每一天，接受過去與現在，就是終身浪漫的開始。

第三章

美好的未來，有我在等著你

每個人其實都比自己想像中的更勇敢，這是與生俱來的天賦。

但願，身在遠方過去的你，

未來，無論遭遇到什麼，都要好好的，

而我，一直在未來等你！

你好嗎？我一直在未來等你

鏡子，是個奇妙的物品，
你對它笑，它就對你笑，你對它哭，它就對你哭；

澄澄鏡面，靜明透亮，
分毫不差地映照你當下的面容，鉅細靡遺地倒映出歲月的斑駁，

鏡中一雙深邃的眼瞳裡，藏著屬於你的故事，曾經上演過的劇情……

清早，睡眼惺忪走進浴室準備漱洗。拿起牙刷擠上牙膏，從鏡子裡映照出自己的樣貌，見到了成長的痕跡。光陰，像是層層盤根纏繞糾結的老樹，每日的喜怒哀樂與經歷猶如新冒出的枝椏，在流逝的歲月中扎根、萌芽。雖然鏡中的我們已從小小樹苗茁壯成一棵直指蒼穹的大樹，但以往的笑容，過往的純真，曾經的朝氣蓬勃，彷彿隨著歲月一同消逝。體驗了人生匆匆聚散來去，厭倦了某些命定的停滯與黯淡，不知從

何時開始，怎麼也喚不回當年快樂的自己？

往往，你內心失落的、不快樂的緣由，來自於你努力符合他人期望，去扮演另一個不屬於自己的角色，把「別人」當成你的生存重心，把多數人的嚮往當作自己的追求，太渴望別人所擁有的東西，太要求自己必須和別人一樣，漠視了自己原本擁有的獨特。我想說的是，當一個人無法專注演繹自己的劇本，即使擁有再多別人稱羨的東西，獲得再高的權力與成就，也不會感到快樂，因為這一切始終是「不屬於」你的戲份，就算演得再好、再精湛，也不可能入圍獲獎。

做好自己，讓自己好好的，比完成別人的期許來得更重要。做好每個階段的自己，讓分別在不同時空的自己各自安好，回首人生，才會感到充盈踏實。

假設，能遇到過去的自己，你最想對他說些什麼？

如果能乘坐時光機回到過去的二十年前，甚至三十年前，你是否會感嘆：「早知道就……」、「真沒想到……」、「我以為會……」，抑或是想說幾句提醒與勉勵自己的話：

「這一路走來，過去的你，受苦了！」
「放輕鬆，事情並沒有你想像得糟。」
「勇敢去嘗試，你絕對可以的！」
「親愛的，那個人不值得你苦苦等候。」
「理財要趁早，才能儘快財務自由。」
「任何挫敗終會過去，再糟的事都會雨過天晴。」
「愛要及時說出口，爸爸再隔幾年就離開了！」
「把握眼前，珍惜幸福。」

倘若覺得前半生過得有些遺憾，甚至感到一塌糊塗，當有這樣的體悟出現時，表示你已經慢慢開始醒悟了；如果覺得回首過往滿懷感動，則彰顯了你一路走來默默堅守初衷，始終對自己不離不棄。無論如何，從現在的「已知」看待過往遭遇的「未知」，眼界必然超越過往，愈具洞見及智慧，甚至能做出更明智的抉擇。

然而，在已逝去的時間裡，就是有太多迷惘茫然才導致遺憾。或許你認為：「過去就讓它過去，為什麼要回首？」我相信許多人會選擇讓過去成為過去，用不以為意、那又如何，或是過去就算了、人要放眼未來的態度去看待過往。看似豁達卻埋藏著一絲漫不經心，意味著將抱持不以為意、那又如何、也就算了，以得過且過的心態繼續面對未來，一成不變地活完這一生。倘若如此，那麼我們千里迢迢來到這個時空的目的是為了什麼？生命的初衷和意義又在哪裡？

也有人說：「我從不回首過去，因為回首過去讓人停滯不前。」乍聽之下似乎很有道理，但停滯不前其實是過度「反芻情緒」與「過度留戀」所造成的。確實，反芻情緒會削弱人的心力、分散注意力，導致迴避、拖延等問題，正因為反芻情緒者通常沒想過要「轉變」，習慣沉溺在苦悶裡打轉，與過度留戀者相同，都是一種自我消耗、反覆折磨、依戀不捨的惡性循環，使人變得更加悲觀、空洞，情緒低迷，持續徘徊在幽暗的空間裡。

站在世俗的角度來看，我想對你說：「親愛的，倘若無法坦承自己過往的懊悔與不堪，拿什麼勇氣邁向美好的未來？」

過去是你人生的歷程，每個踩過的步伐得來不易，任何發生過的曾經，永遠會以某種形式被保留下來。

也許你從來不曾回想過，但那些記憶仍在你的耳畔迴旋呢喃著，它一直在那裡，始終存留在那裡……

每個人其實都比自己想像中的更勇敢，這是與生俱來的天賦。挫敗，讓我們能暫緩腳步，調整步伐與前進方向；創傷，讓我們能再次回首過去，心懷坦蕩，不再駐足過往的懊悔與不堪，而是迎向大澈大悟之後的重新抉擇。

把握現在，突破觀念侷限

親愛的，慢慢走，遲一點也沒關係，因為我一直在未來等你。

轉眼間二〇一七年已逝，來到了二〇一八年的春節假期。春天，隨著春風踏著優美的舞步，在服務處對面國小的樹梢隨心所欲添上了一抹新綠。圍牆旁花圃中的植物紛紛吐出了嫩綠枝芽，周遭萬物也悄悄地換上新衣，意味著人們即將迎接五彩斑斕、生機勃勃的春天。

我站在窗台往外望去，獨自欣賞城市一隅春意盎然的景象，一個萬物復甦的季節。它擁有著自己的獨特魅力，擁有著不凡的調色盤，重新為花草添上嶄新色彩。沉浸在唯美的情境裡，讓人在凝神之際忘卻了時光，忘卻了昨日的疲憊，忘卻了徘徊的心事。

愜意的午後一人待在陽台許久，雲層漸漸低垂半遮住天空，一陣陣涼風輕柔地從臉頰吹拂而過。很快地，雨從空中飄落了下來。透明的雨絲，在綽約和風裡形成爍爍一片，於天地間織起一張灰濛濛的幔帳，如煙似霧，讓眼前景色顯得朦朦朧朧。一會兒，雨勢轉大，雨點在窗外輕歌曼舞，打在服務處遮陽板上啪嗒啪嗒作響，玻璃窗上也佈滿了雨珠點點。雨色很美，雨聲更加動聽，那淅淅瀝瀝的悅耳聲，像是聆聽大自然的心聲，像是訴說包羅萬象的故事，更像是打開了心靈的另一扇窗，讓思緒隨著溫柔細雨不斷飛揚。

回想起小時候，喜歡待在窗台一整個下午。看雨，聽雨，就像現在這樣，安靜地等待一場雨水的滋潤，讓心和雨一起曼妙地在空中起舞，漫步著、蹦跳著、旋轉著、飛舞著，再緩緩地落下。熟悉的雨聲，聲聲都能沁入心底，柔和中帶有節奏的雨聲裡，彷彿聽見自己兒時賞雨的笑聲，就像在不同的時空藉由雨聲前後交會。拿起了溫熱的杯子嗅聞茶香，杯口邊緣才剛輕觸嘴唇，心裡忽然浮現一陣心酸、一陣沮喪，從心窩處一顫，又再一顫。這不曾有過的現象，讓我趕緊放下握在手中的杯子，深深吸了幾口氣調息，幾次以後才安頓好莫名突發而來的酸澀心緒。

音符般的小雨點，繼續在天空的五線譜上跳動著，清晰的雨聲重回耳畔。當再次拿起茶杯時，方才那股辛酸與沮喪又像大浪般襲捲而來，經過多次調息仍不見好轉。這突如其來的狀況令我感到困惑，索性閉起雙眼，試圖尋找這份力量的來源。它，極不穩定又不斷重疊，愈緊盯著它，周圍景物愈顯得扭曲，當中又有著一份說不出的熟悉感，促使我想一窺究竟。

放下了茶杯專注心念，讓心念化作一道光尋找這份力量的來源。但無論如何加快速度，終究只能緊追在後，嚴格來說更像是迅速倒退，愈追愈倒退，能見到周圍景色扭曲成一大束麻花狀，反覆地呈現一會兒是黑夜，一會兒是白晝，最後速度快到晝夜成了飛速閃爍的光線，持續著一幕又一幕空間出現後又再消逝。

不知經過多久時間，心念劃破了最後一幕空間，追到一處黑夜上空後靜止下來，原本周圍扭曲的景色，瞬間以一個大順時針迴旋後恢復正常。

來到烏雲密布細雨漫漶的夜空，緊追的目標卻失去了蹤影。正想放棄準備折返的同時，地面熟悉的景物反倒吸引了我，愕然驚覺這是多年前……多年前已成歷史的舊網溪國小與巷弄。我緩慢下降到距離地面二十幾公尺處，遠遠見到我服務處的窗台佇立著某個身影，他正眺望著夜空目不轉睛。

為了一探究竟，我朝窗台靠近，保持約五公尺的距離，這位站得直挺挺、神情若有所思的人，正是過去的自己。他的視線穿透了我注視著天空，意味著我能見得著他，他卻見不到我。佇立在窗台邊滿臉惆悵的他，以當下樣貌推估時間點應是一九九九年左右，所見當時茂密的髮絲、健康的身形，那正是逝去不復返的青春。

我的心念離開服務處來到街道上，映入眼簾的是如今已埋沒在歷史裡的永和市竹林路七十號地標性白色宏偉建築物，營業中的太平洋百貨燈火通明矗立在夜色中。久別後的再見，回顧了曾經再熟悉不過的景物、道路、店家，回味著當年成長的地方，尋找著印象與現實之間的落差。我就像個好奇寶寶，不放過周圍任何一處角落，對照回憶並不斷修訂印象，發現不少記憶中的景物樣貌與當下不同，例如店鋪、公車站牌等許多環境細節；覺得莞爾的是，赫然發現原來太平洋百貨側面的雨棚圖樣是深綠色底白色商標，趕緊腦補這段遺失的記憶，暗自感嘆著重回舊地，任何芝麻綠豆大般不起眼的景物竟也都能引發驚喜。

路上行駛著如今罕見的車輛，和邊騎邊冒著白煙的偉士牌、Dio 50、光陽名流摩托車。觀察熙來攘往人潮的穿著服飾、髮型，整條路上充斥著濃濃的懷舊風，我深深地被每一刻的景象吸引，就這樣沉浸在這條街道上好一陣子。過了一會兒後，才匆匆進商家確認掛在牆面上時鐘顯示的時間，時刻是晚上八點三十九分。心想：假使沒記錯，那位過往的「小紫嚴」習慣在八點五十分到九點之間靜坐，這是唯一能夠彼此相見的最佳時機，不如指點他、助他一臂之力吧！我收起繼續探索的好奇心折返，沿著前往服務處的路線重覽再熟悉不過的舊巷子，見到了仍保留在記憶中的路樹，眼前的一景一物是過去、是曾經、是以往、是複習，讓我再次重溫了昔日光景，然而景物雖在，心境卻有所不同。

回到服務處，過往的自己剛從窗台離開。他緩慢沉穩地燃起檀香，舉手投足之間頗有架式。我在一旁安靜默默地注視著、伴隨著他，兩者分別各自獨立，卻是同一個自己；不是鏡中的自己，而是現在與過去的自己。心底有著道不完的話語，有欣喜，有叮嚀，有祝福，也有期待，更多的是……不捨。已是過來人的我深知未來的他即將承受不少轉折與苦難，等待他的是更多艱辛，這條路無法迴避只有一肩扛起。思及至此，只見他拿出坐墊準備靜坐，我繞了半圈檢視他的打坐姿勢，很標準——肩膀、脊椎、腿部、丹田吐納等，各個姿勢盡皆到位，此時的我，心態瞬間轉換成像個老師審核學生般地一絲不苟。煙雲繚繞，妙香縷縷，拂憂靜神，一會兒過後，他眉心間射散出光芒，我隨即收起心念、氣化身形來到他的右前方，一股彼此交會之氣猛然一震，待震波散去後，兩人心有靈犀相見了。

小紫嚴一見到我，疑惑地說：「您……是……未來……」

我點點頭肯定說：「就是，未來的你。」

小紫嚴驚訝地說：「未來的我……這……有失遠迎。」

我安撫他說：「別驚魂未定，先告訴我，你所在的時空年分。」

小紫嚴回神說：「民國八十九庚辰年。」

我說：「西元二〇〇〇年，是你成立服務處後的第三年，剛度過九二一大地震。有什麼事讓你如此惆悵？」

小紫嚴說：「很多人所承受的苦對他們來說太過煎熬，即使我想方設法仍難以避免。近期不少請益者痛失親人、陰陽兩隔哭斷肝腸，社會上家庭弱勢的族群眾多，缺乏關注也沒有資源，我只能竭盡棉薄之力，期望發揚道家精神，但現實中卻阻礙重重。」

我說：「你背負協助眾人的責任，凡事盡力而為，只求無愧於心。」

語帶遲疑的小紫嚴回答說：「其實……目前面臨財務危機，恐怕無力支撐繼續協助大眾，我打算結束服務處了。」

我說：「你這段話讓我回想起，當時曾向銀行商借個人信用貸款救助急難家庭。」

小紫嚴解釋說：「家徒四壁的新店那一戶人家，因為沒電冰箱，只能吃著已發出臭酸味的隔夜菜，關節退化的外婆帶著孫女兩人相依為命，靠撿拾資源回收度日，貧困交迫下，毫無生活品質……」

我接著說：「不只新店的個案，加上中和、板橋林林總總的家戶，早已超過你財力所能負荷。」

小紫嚴無奈回應：「我知道這點錢只能緩解一時，可是我無法眼睜睜看著他們受苦。」

我說：「他們無助的眼神，使你夜不能寐。你心腸軟，但可以量力而為。」

小紫嚴不捨地說：「見到他們堅強笑容裡藏著對生命的無奈，不伸出援手實在對不起自己的良知。」

我建議說：「可以把個案轉介到其他社會公益單位進行協助。」

小紫嚴回答：「我通報了不少社會團體及基金會，他們頂多只做一次性協助，事後幾乎不聞不問。」

我說：「這時候的你見到了社會的多元樣貌與現實面，得知不少團體打著公益旗幟吸納財源，卻鮮少確實地服務弱勢。」

小紫嚴點點頭不發一語。

我接著說：「我既然是未來的你，你的心思我明白。不如嘗試聯繫大型社福機構轉介協助，否則接下來不只拖垮自己，甚至會一無所有。另外，我深知你不愛與金錢沾上邊，但我必須提出建議，成立人民團體和大眾一起募資投身公益，才是最有效益的做法。」

小紫嚴為難地說：「我一直秉持著『為善不欲人知』的信念，且金錢會使人膨脹，容易迷失初衷。」

我微笑說：「回想當初對前來請益的人不收分文默默付出，我堅守清白乾淨、為善不欲人知，卻在往後的日子裡挫折重重，耽誤了不少助人的機會，在公益上不僅無法拋磚引玉，缺乏收入更不能弘揚道家思想、推動善良風氣。」

小紫嚴驀然神色一凜說：「乾淨、正直是我們的本分。」

我同樣神色一凜說：「直至今日我仍奉行操守，這部分涉及因果不能退讓，但並非遠離錢財才稱得上『乾淨』，而是真心不欺、敬重善款。」

小紫嚴神色轉為柔和，靜默一會兒後說：「知情的人笑我傻，我還不以為意。您說的對，也許自以為做到了所期望的乾淨，事實上是另類的自命清高。」

我以安慰的語氣說：「你具有深度觀察自己的特質，有助世的魄力，唯獨缺乏處事的彈性。雞腿飯不能沒有雞腿，公益不能沒有金錢支撐，如今的我比你更加嚴守本分又能持續關懷弱勢。」

小紫嚴問：「這麼說，將來會成立公益團體嗎？」

我點點頭說：「在某個機緣下將會成立。而且每分善款都百分之百投入公益，不使用善款充當行政費或任何雜支，對個案也有嚴格的審核機制，務實地照顧了許多社會弱勢族群。」

小紫嚴露出笑容肯定地說：「夢寐以求！」

我說：「愛，有很多種表達方式。儘快協助手邊的弱勢個案媒合到大型社福團體，並著手償還信用貸款。」

小紫嚴低著頭說：「我……真的有點傻……」

我應和說：「確實，在往後的日子裡和學生分享我曾借貸助人，他們紛紛露出詫異驚訝的神情，心底應該也覺得我傻吧！」

我繼續接著說：「我們求學歸國後放棄世俗嚮往的道路，選擇了坐在這張椅子上，選擇了實踐初心與承諾，沒什麼值得後悔的。」

小紫嚴說：「不後悔，從前世來到今生，我只是來完成自己的約定和心願。」

我說：「是緣分，推開相遇的大門，讓一切有緣再度重逢。前世的學生與有緣人今生注定會一個個回來。」

小紫嚴問：「他們都還好？」

我答：「都很好，少部分的人回來了。但仍有更多人散落各地，需要漫長的時間與耐心等待。」

小紫嚴又問：「為何有更多人散落各地？」

我說：「二〇一八年世界跟你所在的二〇〇〇年大不相同，吃喝玩樂的方式多元，誘惑力比以往更大，所以需要時間等待他們。」

小紫嚴望著天花板說：「我想念起前世身邊的那幾位小藥僮。」

我說：「他們如今可能還拿著 iPhone 逛著社群媒體，早就遺忘了前世的經歷與種種。」

小紫嚴露出不解的語氣說：「什麼風？什麼媒體會讓人忘了前世？」

我解釋說：「我這世代的行動電話 i－P－h－o－n－e。」

小紫嚴說：「今年流行的電話是諾基亞 6150。」

我說：「6150 年代有點久遠。二〇一八年行動裝置裡已經沒有貪食蛇的遊戲，而是百家爭鳴的互聯網時代。」

我繼續說：「我記得九二一地震前，不少自稱老師的人連續前來騷擾。」

小紫嚴說：「是的，直到最近都還持續著。」

我問：「你知道為什麼嗎？」

小紫嚴答：「知道！」

我說：「樹大招風又不收取費用，擋了其他人的財路，這種不堪、零零星星的騷擾至少要再忍耐三年。辛苦你了，你的善良成了別人的眼中釘，不過那是他們眼中的世界，與我們無關。」

小紫嚴說：「我能預見，不過眼前只想做好自己。」

我誠懇地勸說：「對待金錢的態度是你我觀念上的侷限，是一種自以為是的撇清關係。遠離金錢不代表我們清高，重要的是看待金錢的心態與操守。」

小紫嚴悵然地說：「如今服務處即將面臨結束，完全是我自作自受。」

我說：「你心酸與不捨的兩股力量傳遞到我所處的時空，是機緣讓我重新面對這門課題。」

小紫嚴長嘆一口氣說：「不經一事，不長一智。」

我說：「木強則折，堅強的人易顯露鋒芒，當外力衝擊時必定首當其衝；才能外露的人勢必招來嫉妒備受抨擊，正如高大的樹木最先引來砍伐。切記！未來低調隱身巷弄內，二〇〇七年到二〇一四年期間務必不要接受任何媒體採訪。」

小紫嚴無奈地說：「每天一百多人來請益，要維持低調並不容易。不過眼看就快要結束服務處了。」

我說：「服務處先暫停兩年，往後改為預約制，信任我為你做出的決定。」

小紫嚴落寞地說：「我會遵照辦理，很抱歉！讓您失望了。」

我說：「每個時間點都存在著當時該面臨的挫折。唯有如今的你能好好的，未來的我才會一起好好的。」

小紫嚴堅強地說：「我會重新調整步伐讓自己好好的。」

我問：「你所面臨的難關和困擾，如今在我看來卻是雲淡風輕。知道為什麼嗎？」

小紫嚴答：「因為您是以過來人和已知的視角，來看待我如今的問題。」

我說：「既然未來的你雲淡風輕，如今的你又何須惆悵？」

小紫嚴點點頭應和說：「是啊！」

我說：「我不曾後悔過，更不曾對你失望過。善待你的慈悲，持續守護著眾人，帶著我們的『初心』，帶著我們的『愛』堅持走下去，接下來的路，辛苦你了！」

小紫嚴感激地說：「您，讓我倍感鼓舞，感謝度過一切的您再次回來。」

我說：「對你而言，我是你的未來；對未來而言，我是未來的過去；為了大眾，我們都在盡力用心地付出每一天。」

小紫嚴注視著我說：「我未來的模樣好特別。」

我笑笑說：「你現在的青春是我已逝去不復返的歲月，但同樣保有著最原始的初心。」

小紫嚴堅定地說：「為了您，我會加倍努力！」

我語帶鼓勵說：「我以你為榮。但為了讓你完成漫長歲月的歷練，我不能再來探望你。沒有你，就沒有如今的我，感謝你一路以來的堅持。」

小紫嚴說：「好，請您務必等我！」

我說：「天冷了，多添加衣物，當心別受寒了。要好好的，而我，一直在未來等你！」

語畢，我收回氣化的身形，心念化作一道光穿梭回到了二〇一八年。

我緩緩睜開眼睛。窗外景色仍是春雨綿綿，雨絲帶有節奏地灑落在窗台植栽葉子上，圓鼓鼓的雨滴一顆顆閃爍著晶透光澤。經過雨水的洗刷，整條巷弄也變得格外清新明朗。

隨手拿起一旁的杯子，茶湯透過杯身隔離仍保留著餘溫。剛才的一切彷彿歷經了四個多小時，但以茶湯的溫度落差估算，整趟旅程不超過半個鐘頭。回想起剛才發生的事，同樣佇立於窗台、分別在前後時空的兩個人，因過去遭逢難關而牽動彼此再次相會的機緣。過往的我，陷入「金錢等於貪婪」、「為善不欲人知」等「自以為清流」的觀念侷限，一方面極盡所能排除金錢的往來，另一方面卻借貸協助弱勢導致債務危機，窮到連水電費都支付不起，陷入服務處停擺兩年的窘境。忽略與大眾並肩募資投身公益，才是最有效益的做法；忽略缺乏金援難以弘揚道家思想，及傳承、推動善良風氣；忽略木強則折的世間道理，以致招忌又備受抨擊。

觀念侷限，永遠是把自己推向黑暗深淵的那雙手，所知所感所想跳不開既定的思維。望著窗外對面的路樹，我聯想到一則故事：「有位木匠砍了一棵樹，用它做了三個木桶。一個裝糞，就叫糞桶，眾人躲著；一個裝水，就叫水桶，眾人用著；一個裝酒，就叫酒桶，眾人品著。」桶是一樣的，但盛裝的物品不同，命運也隨之不同。有什麼樣的觀念就有什麼樣的人生，有什麼樣的想法就有什麼樣的生活。所以，從檢視「過著什麼樣的日子」裡，找出自己根深蒂固的侷限。對我來說，果真不經一事，不長一智。

站在窗台欣賞城市中春意盎然的景象，那一刻，不曾意會即將回到二〇〇〇年去探望自己，卻因誤打誤撞而走入時光穿梭，這一切全是命運冥冥中的安排。更仔細地回想，過往記憶中確實曾在二〇〇〇年身處人生谷底時，發生與二〇一八年未來的自己重逢的事件，而那句「並非遠離錢財才稱得上『乾淨』，而是真心不欺、敬重善款。」更一直烙印在我心底。還記得，遇見未來自己的那晚感動得徹夜難眠，當時頻頻對不遠千里而來的「他」致上謝意，在我無助困苦時相助，破除了迷惘關卡，給予我「篤定前行」的勇氣。

如今的我，啜飲一口香茗，遙寄無限祝福：「**但願，身在遠方過去的你，未來，無論遭遇到什麼，都要好好的，而我，一直在未來等你！**」

好好的小叮嚀

遇見過去的自己，你想對他說什麼？

或許是，我想跟你說：「沒什麼大不了，一切都會過去！」

還是，我想跟你說：「放輕鬆，別逼垮自己！」

抑或是，我想跟你說：「你很好也夠優秀，要多點信心！」

想對那個過往的自己說的話，有叮嚀，有鼓勵，有肯定，有勸說，甚至有更多的是疼惜與不捨。

過往的經驗是記憶中的熟悉，那種感覺由近及遠，彷彿從未離開過。我們不停地向遠方走著，領略不同的人生景致，在生活中不停地鍛鍊，不停地追求理想，不停地鼓舞頹廢的自我，不停地重新實踐人生的意義。那些熟悉的過去、熟悉的記憶，隨著年華的流逝而不斷昇華，隨著歲月的腳步而不斷成熟，以如今的智慧來看待過往，你會想輕拍過去的自己肩膀說：「過去的我，你現在最擔心的事情，對未來的我而言並沒有你所想像得嚴重。衷心希望你能好好的，做好當下該做的事，未來必然會更好。」

現在對過去的囑咐，如同「未來」獻給「如今」的建言。

「未來在哪裡呢？現在就是過去的未來。」
「過去在哪裡呢？現在就是未來的過去。」

現在是未來，同樣是過去。把握住「此刻」就能改變過去、創造未來。由「現在」重新接納自己真實的樣子，「愛」從此誕生，「自信」從此建立，未來開始發生變化。如果反向來做的話會有什麼後果？舉例來說，當有人指責你時，你會有何反應？當有人強迫你時，你會有何反應？必然是採取自然反抗、感到受傷或者失去安全感。由此可知，當我們指責、強迫、批判自己的同時，也正式宣告與自己關係決裂，你不再擁有絕對的自信，更不容易獲得幸福。唯有現在的你不再強壓自己，不試圖扭曲自我去完成別人的期待，停止惡意的自我譴責，不再拒絕見到自己的負面，靜默觀照自己的侷限，與自己的關係才是美麗的、輕鬆的、喜悅的，更能夠跨越時空消弭過去與未來的不安，重新帶著勇敢，整裝朝向美好的未來出發。

每一步路，正在注定著未來

讓未來更好的自己引領你昂首闊步，成就你未來不凡的每一天。

緣分是前世今生的修練，無論你遇見誰，都是注定在你生命裡該遇見的那個人。有些人出現在你的生命裡，彼此相知、相惜，一起度過漫長的歲月，留下深刻的回憶，當有一天兩人都變老了，還有彼此陪伴在身邊；有些人出現在你的生命裡，並不一定要陪你走多遠的路，只是匆匆聚首共同留下美好回憶，像朝露那般美麗晶瑩卻又稍縱即逝；有些人出現在你的生命裡，並不一定是來為你遮風擋雨、陪你一起同甘共苦，而是無情傷害，讓你非得從這場磨練裡日漸茁壯。相遇的人之中有討債的，還債的，報恩的，報怨的；有喜歡你的，不喜歡你的；有你喜歡的，不喜歡的，各種角色，都有其原因，有其使命。

每回相遇都是一種注定之美。感謝生命中的遇見，好好珍惜身旁的緣分，當你懂得用心感受的時候，所賦予的意義即造就了最好的安排。

「放眼望去是大安森林公園，外在環境龍長水闊，內部格局藏風聚氣，新任屋主性格敦厚善良，可謂是如魚得水的好吉宅。」話一說完，我收起羅盤，結束了陽宅勘輿行程。新屋主黃先生滿心歡喜地準備送我離開，他匆匆拿起鑰匙、幫我手提公事包。在寬敞的玄關換完鞋後，黃先生開啟大門的同時，正巧遇上要和女兒出門的隔壁鄰居周太太，兩人打聲招呼後寒暄了起來。

周太太親切對著黃先生說：「想必你是未來的鄰居吧？」

黃先生禮貌回應：「是的，未來一家四口入住，還請多多指教。」

周太太不經意地望向我，疑惑地說：「隔壁這位……看起來有點面熟。」

此時，站在一旁的周太太女兒樂不可支地說：「咦～是紫嚴導師！是紫嚴導師！媽，我去拿書給導師簽名！」說完後便轉頭三步併兩步跑回屋內。

黃先生客氣地對周太太說：「是紫嚴導師沒錯！」

周太太說：「太巧了呀！我女兒很喜歡導師的書。如果有此榮幸不棄嫌的話，邀請兩位到家裡稍坐，一起品嘗巴拿馬翡翠莊園的藝伎咖啡。」

黃先生猶豫一會兒後說：「那好吧！以不耽誤到導師下個行程為原則。」

周太太高興地說：「貴客，稀客，誠摯歡迎！」

走進周太太家，玄關鋪著交織石紋的拼花地板，天花板吊著水晶燈映照而下，以歐式柱頭設計作為內外分界；整體空間是新古典設計風格，優雅潔白，線條與結構都點綴得宜，擺設整齊條理清晰，既華麗大氣也展現了寧靜安定氛圍，襯托出屋主出眾的氣質與個人特色。

周太太熱情地說：「兩位盡情參觀，我來沖泡咖啡。」

客廳寬敞明亮，延伸出英式下午茶區域，經典款義大利沙發搭配典雅吊燈，環境巧妙結合各色收藏藝術品，展示櫃則擺放著女兒歷年累積的獎狀、證書，還有用照片記錄下的女兒演奏大提琴、學習芭蕾舞等成長歷程。此時，周太太女兒嫣彤從臥房出來拿著書和筆請我簽名。

我接過書說：「書，看起來很新，妳卻已經反覆閱讀過不少次。」

嫣彤靦腆地擠出笑容說：「我喜歡的書都備有專屬防塵封套，平時放置在訂製的防潮櫃內控制濕度，閱讀時小心翼翼、捨不得折損。」

黃先生點點頭肯定回應說：「惜書愛書之人。」

我說：「剛才看妳走路的姿勢……」

嫣彤很快禮貌回應說：「是車禍造成的後遺症。」

我注視著嫣彤說：「心，也在車禍後跟著受傷了？」

嫣彤抿起唇、認真思考過後說：「應該是吧！」

黃先生見狀，反應機伶地說：「我去幫周太太煮咖啡，您們慢聊。」

只見嫣彤強忍就要潰堤的情緒，仰起頭來，試圖不讓淚水滑落。

從學歷、外貌、工作、家庭背景來看，嫣彤擁有人人稱羨的完美條件。由於對選擇異性的眼光、標準高，以至於近四十歲才交往到門當戶對的男友，不料結婚前一個月發生重大車禍導致右腿骨折，婚禮被迫延宕。事隔不到半年男方另結新歡，雙方家長多次溝通後，最終協議取消婚約。歷經意外與未婚夫背叛而深感受挫的嫣彤，因無法承受打擊陷入憂鬱，作息大亂的她時常精神不濟，工作效率低下，因而遭到任職公司資遣，再次狠狠重擊她原本岌岌可危的自尊；友情方面更是屋漏偏逢連夜雨，無端被好友惡意傷害，從此嫣彤對生命缺乏動力、失去熱情，心理狀態更每況愈下。

此時，屋內瀰漫著咖啡香氣，已簽好的書我擱置在茶几上。很快地周太太熱情送上咖啡，開心對著我說：「太有緣分了，能在門口巧遇紫嚴導師，是我們家嫣彤的福氣。」

接著，周太太小心翼翼放下咖啡後，偷偷給出懇求的表情，示意請我協助開導她女兒。我微微點頭回應默許，然後她便以敏捷的步伐離開了下午茶區。

我說：「妳願意信任自己很好？」

嫣彤說：「以前也許相信，如今蕩然無存。」

我拿起咖啡杯品香說：「這杯咖啡很香。」

嫣彤說：「這是巴拿馬的極品咖啡豆。」

我說：「即使放涼也別有風味，無損它的珍貴。就像妳的好，不該因為被太多關係冷落而貶低自我價值。」

嫣彤試圖躲避話題說：「涼了，就不好喝，導師您趁熱喝。」

我說：「如果妳想忘記某個人，愈是想忘記他，就愈會想起他。因為提醒自己要忘記之前，妳必須又要再回想一次，不僅忘不掉更加深對他的思念。」

嫣彤說：「我確實想忘掉前男友，那是痛苦又不堪回首的過去。」

我說：「即使沒發生那場車禍，你們仍無法順利完婚。」

嫣彤驚訝地說：「所以不是因為婚禮不斷延宕才導致他背叛、另結新歡？」

我說：「出場順序決定他不是對的人。沒有人能夠控制自己生命中人物的出場順序，有的人多麼渴望與愛人廝守終身，最終不幸成了最熟悉的陌生人。然而有些妳從未想過可以相伴到老的人，卻成為人生中不可或缺的一部分，這就是緣分。」

嫣彤喃喃地說：「原來他不是對的人……」

我說：「有些人在我們一生中注定擦身而過，也有些人注定只陪妳走一小段路。」

嫣彤瞬間流露出失落的表情，問：「為什麼只能一小段？」

我反問她：「如果不是一小段而是一大段，那麼未來對的人不就毫無立足之地了？」

嫣彤放低音量，小聲地說：「如今我這般的模樣，未來還會遇見對的人嗎？」

我說：「若不時盯著自己的缺點看，永遠都會覺得自己不夠好。甚至用『自己不夠好』的觀念催促自己再更好一些，再更努力一點，極力維持完美的姿態，內心反而承受不了低潮的狂襲。」

嫣彤低落地說：「經常莫名低潮、痛苦，常覺得天快要塌下來的窘迫感，讓我沒辦法再面對人群。」

我說：「妳在意自己的跛腳，只因為不再完美？」

嫣彤低頭注視著右腳說：「一場車禍摧毀了我的愛情、工作，奪走了我的美好與一切。」

我說：「很多時候我們總是極力追求完美，也許是家庭、工作、愛情，甚至是自己本身。我們努力符合他人期望，去扮演另一個不屬於自己的角色，把別人當成妳的生存重心，把多數人的嚮往當作自己的追求，太渴望別人所擁有的東西，太要求自己必須和別人一樣，漠視了自己原本擁有的獨特。但是，每個人都是不完美的，每個人身上都有不足之處。當我們不惜代價、竭盡所能迎合他人期待，無法坦然面對自己的缺憾時，就會活得很疲累。」

嫣彤說：「我從小活在眾人羨慕的眼光中長大，習慣了他人給予的掌聲，期待能持續被肯定、被讚美，這是一張擺脫不掉的標籤。」

我說：「過度在意他人的評價，是因為覺得自己不夠好，才需要完美標籤來證明自己的價值，如此一來，這輩子只會不斷為了爭取下一張更大的標籤而汲汲營營。」

嫣彤解釋說：「得到眾人稱羨的眼神，讓我以為追求標籤就是成長，就是向上積極的人。」

我問：「拿到人人稱羨的標籤，無止盡地追求好還要再更好，這樣的人生，妳快樂嗎？」

嫣彤停頓了一下，答道：「以往覺得很享受也很快樂，直到發生車禍，標籤被命運無情撕毀後，人生的茫然和空虛感就像身陷流沙一般可怕。」

我說：「那場重大車禍事故後，妳的人生陷入前所未有的低潮。接踵而來的長期復健、男友背叛、取消婚約、罹患憂鬱症、丟失工作、朋友惡意傷害，令妳感到非常不堪。」

聽我說完，嫣彤不由得哽咽再次紅了眼眶，只能點頭示意認同。

見她難過的模樣，我懇切地說：「在最黑暗的那段時光裡，就像一頭栽進可怕的迴圈。但是，如今的妳必須重新蛻變、再次茁壯，才能營救『過去』的自己，創造『未來』的美好。」

嫣彤露出懵懂表情說：「營救……過去的自己？」

我說：「沒錯！」

我繼續說：「未來的妳，注定愈來愈好。」

嫣彤語帶驚訝地問：「真的嗎？」接著急忙補充說：「我不是不信任您，只是不相信未來的自己會更好。」

我說：「如果妳能在今年走出陰霾，明年就能重返職場且如魚得水，注定在四十六歲結識一位心靈契合的好對象，彼此相知、相惜且無話不談，一起相伴終生。」

嫣彤喜出望外說：「真的嗎?!」

我說：「當然是真的。前提是妳必須揮別陰霾，否則一切將不會成真。」

嫣彤問：「既然是注定，為什麼還會改變呢？」

我說：「**一切未來的注定，取決於妳眼前的此刻**。」

嫣彤再問：「如果我遲遲走不出困境，未來就不會遇到對的人？」

我答：「對！走不出困境也無法重回職場，沒有對的環境背景，就無法出現對的人。」

嫣彤不以為然地說：「縱使我沒走出困境，也可以逼迫自己回到職場，如此一來就有對的環境背景，依然可以遇見對的人。」

我搖搖頭說：「沒辦法！即便妳能與對的人相遇，也觸動不出任何火花。」

嫣彤說：「為什麼？」

我反問：「妳會喜歡一位背負滿滿創傷，只等待著某段愛情出現來解救自己的男人嗎？」

嫣彤迅速回應說：「不會！」

我說：「同樣的道理，所以不是環境對了，遇到了對的人，一切的好事就會發生。而是各個條件都具備好，才會展開美好的事物。人與人之間相處，外表只是第一印象，接下來會朝什麼方向發展，仰賴彼此間的心理互動。」

嫣彤若有所悟地說：「我沒有積極的魄力就沒有好的事業，沒有樂觀平穩的心理素質，憑什麼吸引對方。」

我肯定地說：「沒錯！」

聽我說完，嫣彤眉頭一舒，壓在心底的重擔似乎瞬間卸下了。

我繼續說：「與其專注追逐成功的標籤，不如坦然面對挫折與壞心情反而更為重要，這是引領我們通往理想道路的必經歷練。」

嫣彤點點頭說：「人生沒有所謂的『走錯路』，關鍵在於如何面對挫折與處理問題。」

我說：「所以，能夠察覺情緒和審視內心世界，積極認識自己，才能成為自己生命的主宰。」

嫣彤說：「以往我只專注在如何贏得外界欽羨的目光，現在深刻體認到該從觀察自己、整頓內心做起。」

我鼓勵她說：「如今的每一步路，正在決定著未來。要勇敢突破壞情緒。」

嫣彤回應：「我嘗試過不少方法調整壞心情卻屢戰屢敗。」

我說：「處理壞心情時，愈是控制、抵抗、逃避，反彈的力道會愈大。」

嫣彤喪氣地說：「不控制，是要放任壞情緒肆意妄為嗎？」

我說：「恐懼、痛苦、焦慮……任何感覺都讓它盡情發生，身體會『反映』所有情緒的力量，從『感覺』來到『身體具體感受』，有助於我們進行『觀察』。」

嫣彤深深嘆了一口氣說：「難受到……整個人像是快要爆炸的壓力鍋，時常無法正常呼吸。」

我引導她：「卸下防禦的盔甲不再抵抗，試著『觀察』情緒帶給身體什麼樣的體驗。」

嫣彤回答：「情緒產生時，胸口、腹部悶痛，肩膀沉重，食道有灼熱感，肋骨抽痛，關節痠痛，胃絞痛。」

我說：「愈去對抗不適感，如同『火上澆油』愈燒愈旺。在妳面對它的那一刻，痛苦便失去了立足的基礎。老天不會給妳無法解決的課題，任何人的情緒必然都在能承受的範圍之內。觀察所有不適感的最大上限，瞭解情緒影響的上限，才能輕鬆掌控情緒。」

嫣彤無奈地說：「但我即使發現了它，也無法讓它馬上消失。」

我微笑說：「情緒就像浪花，愈想消滅它，愈想讓它消失，就像用手拍打浪花反而製造了更多浪花。」

嫣彤說：「可是浪潮退了，接著還會有下一波。」

我說：「妳從沒放下過消滅它、讓它消失的想法，導致妳害怕再來下一波，那麼情緒就會持續前來光顧。」

嫣彤說：「面對這種壞情緒，讓我更想去迴避、對抗跟消滅它。」

我說：「**我們永遠無法消滅情緒，千萬別試圖消滅它**。等待它沒動力了，就不會再有下一波，所有不再施加作用的『力量』終有盡頭。我打個比方，一顆從手中掉落的皮球，只要不再對它施加任何力量，反彈的力道永遠不會超過原本掉落的高度，而且兩分鐘內必然貼平地面不再彈跳。」

嫣彤沉思一會兒之後說：「我完全明白了。」

我繼續說：「我們毋須對情緒做出任何回應，不給情緒任何反應，一旦透澈了情緒，它只會黯然失色。」

嫣彤說：「可是我擔心重回職場後，能不能表現得和以往一樣好……」

我問：「妳還記得以往演奏大提琴，準備上台前的緊張心情嗎？」

嫣彤說：「不太有印象了。」

我說：「當時的妳非常焦慮與恐慌，但對如今的妳來說已微不足道了。把同樣的道理放到現在，**當妳在生活中遇到煩惱的時候，告訴自己，現在擔心的事情，放到**

未來，都會變得不再至關重要。」

嫣彤若有所思地說：「**似乎把時間拉長來看，我現在感受到的所有焦慮和擔憂都是多餘的。**」

我問：「以現在之姿看待過往準備上台演奏大提琴前的緊張，還會覺得難跨越嗎？如果可以對過去的自己說話，妳想對過去的自己說什麼呢？」

嫣彤說：「我會對過去的自己說：『加油！妳可以的！』」

我說：「我相信，未來的妳同樣會對如今的妳說一樣的話。」

嫣彤神情轉為開朗地說：「我似乎感受到未來的自己在為現在加油打氣。」

我說：「沒歷經痛苦淬鍊的人生，未來也不可能變得燦爛。逆境中的痛苦會促使生命產生轉折，一旦跨越了便向上一階，不想跨越的人則停滯不前。舊觀念限制了我們的成長，轉折的意義就是把舊有的自己釋放。」

嫣彤說：「成長過程中確實是克服了一關緊接著又一關，每經歷一次的轉折，對自己的認識就加深一層。」

我繼續說：「每一回轉折都是自我認知的更新。人們總誤以為過去決定了未來，其實恰好相反；若是現在賦予了、堅定了未來的美好，這份注定就會在未來真實發生。」

嫣彤如釋重負地說：「導師，我現在重新回想起車禍事故，剛才對人生的茫然和空虛感竟消失了！」

我說：「此刻的妳釋懷了。」

我繼續說：「可曾記得，過往深陷低潮痛苦的時候，總有股莫名的力量出現為自己打氣？在徬徨無助時，腦海中總會不經意閃過自我鼓舞的意念？」

嫣彤說：「有！發生過很多次，尤其在瀕臨崩潰邊緣的當下，腦海中突然介入堅強的心念為我打氣、為我加油，起初我還誤以為是錯覺。」

我說：「那不是錯覺，而是未來的妳回想起過往遭遇，自己給自己的安慰和鼓舞，傳遞到了過往的時空。」

嫣彤驚訝地問：「過去、未來、現在都是相通的？」

我說：「堅定的心念沒有時間和空間的限制，能貫穿過去、現在、未來。」

嫣彤沉著地說：「我堅信未來一定會更好。」

我說：「這份篤定感會帶領妳邁向美好的人生。」

嫣彤問：「那麼，該如何讓自己擁有篤定感和安定感？」

我說：「靜坐！」

嫣彤說：「Meditation！谷歌曾在內部開設了尋找自己的相關課程，微軟創辦人比爾蓋茲（Bill Gates）嗜好則是每週和太太一起冥想；還有脫口秀名主持人歐普拉（Oprah Gail Winfrey）、好萊塢影星珍妮佛安妮絲頓（Jennifer Joanna Aniston）等許多名人，都以靜坐開啟一天的生活。導師，您從小練習禪坐，能請教相關的課程資訊嗎？」

我回答：「我們有對外開放教授道家入門『寬心禪』的靜坐方法。」

嫣彤說：「比起 Meditation 我更喜歡道家，歷史悠久，公元前五百多年就已存在了。」

這時，嫣彤模樣變得像個孩子似的，轉身輕快地走到五斗櫃前，從中拿出一張老子畫像及多本道家典籍。

嫣彤自豪地說：「我爸爸崇尚自然無為的哲學觀，年輕時早已是道家忠實的信仰者。」

我鼓勵她說：「既然與道家有緣，未來要認真學習！相信神與信任自己都至關重要，因為我們內在皆具備神性。相信神、經典，接納自己的今生劇本，就像學生信任學校的老師，接受該完成的學業，按部就班直到學成畢業一樣。」

嫣彤誠懇地說：「我非常相信神。」

我說：「一句話留給妳參透。當妳沉浸痛苦時，深信的是『神』還是『痛苦』？」

我繼續說：「現在好好的，未來、過去也才會跟著一起好好的！」

嫣彤說：「我完全聽明白了。感謝緣分今天讓我能遇見您，更感謝您寶貴的教導。」隨後興高采烈走到餐廳、伸出雙手環抱母親說：「媽，我今天學到很多！」

周太太欣慰地陪同女兒走回午茶區，面露笑容對我說：「紫嚴導師，今天多虧遇見了您！」

事後，嫣彤歷經近半年時間練習禪坐、積極復健，完全恢復正常行走姿態，並重返職場一掃過往陰霾。過程中她學會「在低谷中成長，從絕望裡開花」，就像彈簧，不經過蓄勢待發，不堅持到最後一刻，永遠不知道自己會彈跳得多高、能飛躍得多遠。她借助了挫折成就自己，勇敢激發出成長向上的力量。

好好的小叮嚀

堅信未來更好，這份注定就會在未來發生

有一個女生用五十九天走了一千公里，完成徒步環島認識台灣。相信大部分的人可能要耗費更長時間，但如果我們願意每天堅持，就算日行三公里，不出一年也能走完整個環島旅程。所以一旦你經過合理評估「堅信我真的可以」，就沒有「無法達成的事」。具備好信心勇往直前，只要途中不輕言放棄最初的堅持，在你踏出步伐的剎那，美好的「注定」已在未來等著你，完成目標只是時間的遠近而已。

當你的願望足夠強大，你的願望終會實現。**「堅信」，是一種態度，認定某些事以「何種」樣貌呈現**，更是我們面對世界的態度，也是一種信任，信任它一定會發生的篤定，進而付出積極的行動，並在過程中不斷檢視與修正。堅信，必然有它展現的行為，你相信什麼，自然會有意無意地想親近它、接觸它，所以**「堅信」、「付出」、「修正」會帶領你成就你的注定**。把困難的事簡單化，不求跳躍式的進步，只求每天多一點點的自我超越，相信自己不管做什麼，只要堅持、不斷修正，一定會有所成就。

所謂：「只要功夫深，鐵杵磨成針。」最終的成績都是每天不斷進步、日積月累的結果。說到進步，許多人望之卻步，誤認為需要耗盡心思、費盡苦心、歷經百般折騰，這是因為大部分人只有「渴望」，卻難以堅信自己可以做到，總是帶著沉重的憂心及恐懼患得患失前行，走兩步倒退三步，最終只能事與願違。

唯有，你堅信未來更好，一切才能有如順水行舟不費推移之力。堅信未來會更好，生命才會完全投入並樂在其中，不再畏懼逆境與情緒的襲擾，培養出最合乎理想的習慣，讓你對付出及修正充滿了熱忱。而這股熱忱，會在日常生活中激勵你，一方面勇於面對挑戰，另一方面欣然接受階段性成果，作為進入下一階段的準備。生活將不再是苦差事，而是讓你樂在其中的趣事；過去眼前只剩下絕望與黑暗，現在因為堅信而變得一切都很好，自然流露出希望與動力，世界開始變得繽紛，你將再次獲得新生。這份美好的「注定」會在未來成立，為你開創出無與倫比的璀璨人生。

第四章

多麼希望，你可以好好的

好好吃飯，好好睡覺，好好工作，
好好生氣，好好去愛，好好照顧自己，
用心感受幸福，用愛渲染整個人生。

你好好的，世界也跟著美好了

你是整個世界的中心，唯有你好好的，旁人才能跟著一起好好的。

你像太陽，會帶給人們溫暖，
你像顆糖，會帶給人們甜蜜，
你像大海，會帶給人們遼闊，
你像彩虹，會帶給人們幸福。

二〇一九年八月十八日，一個悶熱的夏天。我所居住的城市台北，白天降雨不斷，傾盆大雨洗刷了整個地景，讓市容顯得晶瑩透亮。傍晚四點後雨勢趨緩，雲層慢慢地散開，陽光愈露愈多，雨愈下愈少。到下午五點左右，陽光突然揭開了天幕，雨滴斂起了腳步，雲層完全散去。瞬間轉晴的片刻，大自然在遼闊的蔚藍天空中央搭起一座艷麗的彩虹橋，隨後，彩虹橋上方若隱若現顯露出另一道彩虹，宛如兩道編織的彩帶，將世間一切淡雅的顏色凝聚在藍天裙襬上，彷彿把人們帶進了一個童話般的世界，既夢幻又燦爛奪目。

「你看！天空出現雙彩虹！」路人紛紛駐足，興奮地抬頭仰望天空，驚喜地直呼：「好漂亮啊！」、「多美的彩虹啊！」

短暫的豪雨空檔，罕見的「雙彩虹」懸掛於台北都會的天空中，紅、橙、黃、綠、藍、靛、紫七種色彩，淡淡的，淺淺的，成雙虹彩渲染在湛藍的天空畫布上，取意圓滿，總被視為幸運的象徵。雖然第一道顏色較鮮艷的光帶稱為「虹」，第二道色澤較淺的光帶稱為「霓」，精確來說並非真正出現了兩道彩虹，但每一位正在注視著的路人不約而同嘴角上揚，露出幸福滿足的笑容，這般難得的美景，深深吸引了所有人的目光。

人的一生會遇見許多人，也會受到許多人影響。不要低估了你對別人的影響力，就像美景總出現在讓人意想不到的那一瞬間，沒料到大雨過後竟然遇見絕美的雙彩虹，令眾人見狀不由得齊聲讚嘆：「快看，真的是雙彩虹！」現實生活中雨後的彩虹只有一時的豔麗，但你心中的彩虹卻會絢爛你的一生。你若美好，人生處處皆秀麗；你若像彩虹，就會帶給人們幸福。你像什麼，別人就跟著感受到什麼；你快樂了，別人也跟著快樂了；你幸福了，別人也跟著幸福了；你微笑了，別人也跟著微笑了。每個人的生命無時無刻都在渲染著周遭，人與人之間的心緒是如此深厚又緊密相連，不僅激勵著你的成長，並且滋潤著你的一生。無時無刻，你都在散發自己獨特的光芒，潛移默化影響著身邊每一個人。

「唯有，對自己好好的，對他人好好的，對環境好好的，讓你、我、他都能一樣好。」

放下內心矛盾衝突，專注成為更好的自己

給摯愛的你———

讓自己成為什麼，而不是排斥什麼。

正撰寫完上一句「讓自己成為什麼，而不是排斥什麼。」按下換行鍵的同時，助理恰巧端來沏好的一盞梨山茶。打開三件式茶具杯蓋，氣味裊繞隱露果香，茶湯金黃明亮清澈、葉片厚實，靜下心啜飲一口茶，每一縷茶香都別具韻味。

我對助理說：「這是行政院退輔會福壽山農場的福壽長春茶。」

助理微笑說：「火眼金睛，這果真是退輔會的福壽長春茶。今天中午一位先生專程送來六盒並附上一封信。」

我問：「對方的外型特徵是濃眉、小平頭嗎？」

助理回答：「是的，而且情禮兼到地用雙手遞了給我。」

我思考一會兒後說：「幫我致電給他，除了表達感謝之意，順道徵詢是否能將他的故事寫進新書裡。」

助理很快聯繫後回覆說：「對方說非常榮幸，不知可否化名小陳？」

時間回到二〇一六年五月的一個下午，我按照既定行程準備前往內湖，助理以飛快速度用手機叫車，緊接著ＡＰＰ便通知車子已抵達服務處樓下。

上車後我對司機先生說：「你好，我到內湖科技園區。」

司機說：「沒問題。」

以車型來看，這台計程車出廠年份已久，但內裝卻維持得非常良好，從腳踏墊到座位，整體的汽車內裝幾乎一塵不染、毫無異味，物品擺放整齊，司機服裝儀容整潔且駕駛素質優良。

我對司機先生說：「從汽車內裝整潔度和駕駛態度，深刻感受到你的細心與敬業。」

面對突如其來的誇獎，司機語氣堅定地說：「應該的，我單純想把計程車司機的角色做好。」

我問：「腳踏墊容易沾染塵土，乘客間來來去去，你如何保持乾淨？」

司機回答：「我分別在午餐、晚餐和返家前使用吸塵器、抹布各清理一遍。」

我說：「但這麼一來，減少了你載客營業的時間。」

司機說：「維護整潔能提高工作心情和效率，乘客們同樣也會感到舒適，可說是一舉兩得啊！」

我問：「如果不介意，方便讓我猜猜你還沒駕駛計程車前的行業？」

司機透過後照鏡，禮貌地微笑看了我一眼說：「當然好，可是我過去的職業不容易猜到。」

我說：「你的襯衫熨燙整齊、線條分明，駕駛習慣中規中矩。如果沒猜錯的話，你過往的職業是軍人。」

聽我說完，司機語塞停頓一會兒後說：「我的確是職業軍人退伍後才從事計程車行業。」

這時，司機前座置物箱中傳來一陣又一陣行動電話的來電震動聲。

我說：「你可以停靠路邊接聽電話，時間上還算充裕，不會妨礙。」

司機說：「謝謝你，我有藍芽耳機可以使用。」

待我倆對話結束後，電話仍持續來電，司機卻刻意忽視繼續專注駕駛，看來他並不打算接聽這通電話，彼此間沉默了一陣子。而後，司機不好意思地說：「可能是朋友打來的。」

我說：「應該是你剛大學畢業的女兒。早上出門前兩人發生口角，導致你沒心情接聽電話。」

只見司機神色侷促不安，透過後照鏡注視了我一眼說：「方……方便知道你的行業嗎？」

我說：「只是名不見經傳的小作家。」

司機說：「太厲害了，你是寫推理小說的作家？我女兒剛從淡江大學畢業，昨晚她說以後不再繼續求學，想從事服務業，目前正結交一位我認為很不登對的男友。」

司機停頓一會兒後，以略為抒發心情的口吻繼續說道：「我女兒從國中開始變得非常懶散，洗澡要花一個小時，讀書拖拖拉拉，到了該睡覺的時間還要父母三催四請，脾氣又倔又大，說不得罵不得。讀高中時她的志願是台大，每天苦讀的結果只考上私立淡江大學，更讓我心寒的是，她竟然想要從事餐飲服務業。」

我問：「你憂心她未來的人生道路會愈走愈差嗎？」

司機嘆了一口氣說：「為人父母，無法不擔心。」

我說：「我認為你女兒是一個期許自己能愈來愈優秀的好孩子，只可惜心理上過度內耗，造成接二連三的失常和挫敗。」

司機不解地問：「內耗？」

我說：「**一個人過度沉浸於要求自己變得『更好』，反而會愈來愈背離理想目標**，急於追求某個成果的同時，會伴隨源源不絕的『排斥感』及『厭惡感』，無法接受自己鬆懈、追不上進度、表現失常等狀態，日積月累導致排斥他人、討厭自己，不間斷內耗的結果，反倒削弱了專注力與持續力。」

司機說：「我女兒的現況真如你所說的那樣。」

我說：「不僅如此，眼看他人獲得成就輕而易舉，對你女兒來說，就算再怎麼努力卻仍達不到理想，因而在自我斥責過程中又帶來更多的『愧疚感』，造成心情低落與自信心喪失。『期望優秀』與『不如預期』持續拉扯，最終變得更加易怒、煩躁。」

司機沉默一會兒後說：「聽你說完，我發現自己似乎和女兒有著同樣的個性。」

我說：「我們容易陷入排斥某件事或某個人，讓自己免於發生某些錯誤，這是源自於從小總是被教育不能怎麼樣、不能如何、不可以什麼、那樣不行……**漸漸地只知道遠離什麼、不要變成什麼，卻丟失『可以成為什麼』的自信**。」

司機說：「我承認心裡有很多的『不可以』，對女兒的教養確實如此，即使她已經大學畢業，我仍然干預她不該從事服務業、反對她交往的對象，連同家庭氣氛也被我經營得很緊張。」

我說：「你是一位自律嚴謹的好父親，或許習慣用不要什麼、不可以什麼、排斥什麼去迴避某些經驗。」

司機問：「我該怎麼做才能成為更好的父親？」

我答：「放棄不要什麼、不可以什麼、排斥什麼，放棄心底的自相矛盾。」

司機又問：「意思是全部都放手不管、不約束嗎？」

我說：「不，和管束、不管束沒有關係。」

司機說：「我雖然聽得懂，卻不知從何做起。」

我說：「從任何事都別做開始。」

司機困惑地說：「我完全聽迷糊了。」

我解釋說：「當你有所作為的同時，將脫離不了以往的習慣性，會繼續不要什麼、不可以什麼、排斥什麼。除非，**只專注在讓自己成為什麼。**」

司機說：「我希望自己能成為一個好父親。」

我說：「那就放棄不要什麼、排斥什麼，只專注成為一個好父親。你會排斥乘客的鞋子沾滿泥沙，把你的車弄髒嗎？」

司機說：「從來不排斥也不介意，我固定會整理清潔。」

我說：「稍早你曾說過，單純想把計程車司機的角色做好，就是專注讓自己成為一個好司機。」

我繼續說：「**專注成為什麼，由內而外地展現，自在且沒有負擔；不是為了排斥什麼、恐懼什麼、害怕什麼而有所作為，不是為了想成為什麼，才非得要如何又如何。**」

司機搖搖頭，感慨地說：「我反對女兒投入服務業，又排斥她的交往對象，把父女關係搞得烏煙瘴氣，女兒怎麼可能聽得進我給的建議。」

我說：「你像太陽，會帶給人們溫暖；你像大海，會帶給人們遼闊；你像彩虹，會帶給人們幸福。我們成為什麼，周圍的人也跟著成為了什麼。」

司機面露微笑說：「我喜歡這段話，寓意深遠。」

我提點他說：「成為你想成為的好父親，其餘的等待機緣自然水到渠成。」

司機說：「雖然明白，卻還是擔心她走錯路。」

我說：「你對女兒的未來缺乏自信，加上過度擔心，便不由自主地變相干預孩子，不僅無法改變任何事，更將適得其反。」

司機感嘆地說：「是啊！假如我的老母親每天打電話提醒我開車要留心，不但沒幫助，或許還會造成我更大的心理負擔與不耐煩。」

我說：「**用『排斥』阻擋某個人、避免某件事，對方同樣會用『排斥』去回應這個人。**」

司機說：「很有道理。況且不讓孩子嘗試，她永遠不會明瞭什麼是走錯路。」

我說：「走過了失敗的路，才知道自己該選擇哪一條路。」

司機點點頭說：「確實如此，人生任何一個過程都極為重要不能省略。」

我說：「你愛女兒，不如專注且安心地在這份愛裡，毋須添加任何情緒。每個人的生命注定朝向圓滿方向發展，只要此刻『帶著愛』堅信未來更好，未來必然如你所願。**未來，是一面鏡子，你對未來笑，它便對你笑，你相信它更好，它便用更好的樣貌呈現給你。**」

透過後照鏡，我看到司機神情若有所思，彼此沉默一陣子後，在停車等待紅綠燈的空檔，他戴上藍芽耳機，深深吸了一口氣，再擠出微笑撥電話給女兒。當電話接通後，司機用溫柔語氣說：「喂，我的乖女兒，是爸不好處處反對妳，約會完早點回家，今晚我煮妳愛吃的紅燒獅子頭，等妳回來！」

這位司機先生就是送福壽長春茶給我的小陳。事隔近兩年，他透過我搭車的位置、服裝穿著，以網路搜尋後得知我的身分。

寫到此處，我打開放置在茶葉盒旁的感謝信，一共五張A4大小。信中小陳分享他如何堅持專注成為一個好父親的心路歷程。擺脫以往的教養習慣並不容易，透過觀察自己和妻子的提醒，他做到了打從內心放棄排斥、反對、否決的應對方式，對女兒的態度從過往的嚴父進階為慈父，獲得了良好的父女關係；除此之外，與太太之間的相處也更加融洽。他還提到女兒後來放棄服務業考入公股銀行，愈來愈會對老爸撒嬌，太太則時常規劃戶外旅行，夫妻倆同遊台灣大小景點，享受兩人時光。最後他寫道：「家庭圓滿才稱得上幸福人生，因愛相聚，緣來就是你。」也印證了「讓自己成為什麼，比起排斥什麼更重要；你像什麼，別人就跟著感受到什麼；先對自己好好的，才能對他人好好的。」

好好的小叮嚀

篤定前行，成為你想要的樣子

愛，原貌是美好的，只是多數人把愛的本質扭曲，讓愛成了一種私有的佔據，成了一條條的規定與限制，只允許愛必須在某些範圍之內、某個對方設定的規則裡才擁有被愛的資格，失去了愛的「本質」中所蘊含的理解與包容，往往所作所為自認為是愛護，卻對另一方造成傷害。

當我們內心缺乏理解與包容，恐懼便會在心裡滋長。常因恐懼某些人、某些事而產生排斥、抗拒，不自覺用排斥和抗拒作為迴避手段，讓自己免於恐懼或災難，日積月累之下，我們漸漸地不信任環境、他人，甚至於這個世界，做任何事不經意地總是帶著一分懷疑，懷疑這間店乾不乾淨、懷疑先生會不會外遇、懷疑這個人的動機、懷疑這趟旅途安不安全……等。過度利用排斥什麼、討厭什麼、不要什麼，設法讓自己處於絕對安心的環境，這是「情緒」凌駕了「客觀現實」，以致無法做出適切的判斷。當有了這層「定見」，注定往後將戰戰兢兢度過漫長餘生，與周遭關係充滿緊張，失去了平靜、愉悅的機會，最終活成連自己看了都討厭的模樣。

不論排斥什麼，它終將成為你心底銳利無比的一根刺，分布在我們的心靈園地裡，一旦刺多了，走到哪都會不經意地被刺傷、被劃傷，這般的「內耗」，在不知不覺中消滅了熱情與動力。任何所排斥的人事物，說穿了只是「害怕」的分身，讓我們沒辦法以自信的姿態面對人生。

親愛的，**如今的我們，可以專注在「讓自己成為什麼」，進而展開積極的作為**。不需要為了順應別人的期待，去刻意勉強自己成為另一個你不喜歡的模樣。也不需要為了恐懼某些人或事，去排斥、抗拒任何已發生或未發生的事。當你開始容納自己、懂得喜歡自己，就再也不需要利用「不要什麼、不可以什麼、排斥什麼」來脅迫自己獲得心安。讓自己成為什麼，不是「想像」自己成為什麼，而是「篤定」專注在自己可以成為的部分，讓這份篤定引領你水到渠成，將生命劇本帶往更高一個層次，因為「未來，是一面鏡子，你對未來笑，它便對你笑，你相信它更好，它便用更好的樣貌呈現給你。」當你好了，世界才跟著被點亮了。

成為你想要的樣子、最美的樣子，你才會深深愛上這樣的自己。

化排斥為欣賞，預設嶄新未來

人，討厭被別人比較，卻經常不自覺地拿自己與他人相較。對於從小被比較到大的我們，愛比較的心態似乎早已烙印在腦海裡，暗自介意著手足之間父母比較疼愛誰，與同學之間誰的課業更優秀、誰的學校更頂尖；出社會後逢年過節與親友相聚，總是比較誰的公司年薪高、福利好，誰的伴侶家世顯赫，誰的房子富麗堂皇，誰的身材、容貌維持得最好。回頭盤點自己，贏不了也爭不過，他人就像是一面照妖鏡，從外貌、能力、財富、關係、職位、年薪、學歷，毫不留情地讓我們看盡自己的缺點，已分不清是羨慕或是嫉妒，內心快被滿溢而出的無力感與挫敗感給淹沒。

比較，確實可以幫助我們獲得對於所處環境及遭遇人事物的合理評估，也是一種面對生存、權衡利弊的判斷依據，讓我們對生活有更精準的掌握，清楚自己所在的位置。但過度追求勝過他人所帶來的優越感與滿足感，進而排斥某些人、排斥某些事、排斥某些發生，反而容易掉入比較心態的陷阱中，進退兩難無法自拔。

夜深人靜的夜晚，手邊工作告一段落，我起身走動伸展筋骨，發現下班已久的助理辦公室電腦螢幕還亮著，正打算幫忙關機，把滑鼠指標移向關機符號時，螢幕上顯示密密麻麻未讀的官方 LINE@ 訊息中，某個藝術風格大頭貼、名稱為 Selina 的訊息預覽顯示：「我該怎麼辦？」於是我將原本準備關機的滑鼠指標轉向開啟這則訊息，看到對方傳來的內容是：

Selina：「心情低落持續了半年多，白天活得疲累，夜晚又飽受失眠折磨，覺得人生沒有任何希望，不曉得活著的目標與意義。」

Selina：「工作對我而言只是勉強打起精神去做，直到最近感覺已經沒有力氣再硬撐下去。朋友對我來說更是沉重的包袱，毫無意義的社交浪費太多時間，於是我解除不少 FB、IG 的朋友，設法讓自己重新振作。」

Selina：「真的很討厭自己，非常討厭！」

Selina：「旁人生活裡有白天和夜晚的交替，對我來說卻根本沒有分別，因為全是灰黑色的夜晚。」

Selina：「覺得活著好累！」

Selina：「我該怎麼辦？」

我代替助理回應：「妳還好嗎？」

Selina 很快回覆說：「這麼晚小編還在加班？」

我：「妳也還未就寢。」

Selina：「我在黑夜裡躺在床上睜大了眼睛，伴隨著寂寞無法入眠，經歷著失眠患者的苦。」

我：「瀏覽完先前的敘述，想必妳很沮喪，但我想提問一個問題。」

Selina：「好的。」

我：「半夜，突然想上廁所，來到漆黑的廁所妳會開燈？」

Selina：「當然開燈！否則濕滑的浴室地板很容易滑倒。」

我：「如果妳居住的地方沒有電燈、手電筒，生活在完全漆黑的房子裡兩個月，接下來可能會發生什麼事？」

Selina：「被家具絆倒撞得鼻青臉腫，不出一個月或許就骨折住院了。」

我：「除了不方便、容易絆倒，在心理層面會發生什麼事呢？」

Selina：「不用五天的時間，應該就足以讓我的精神徹底崩潰。」

我：「**思想好比一個人，低潮好比黑暗的屋子；當思想在漆黑的屋子裡待久了，勢必磕磕絆絆，感到疲累、挫敗、討厭自己，失去生活的目標與動力。**」

Selina：「我該怎麼辦？」

我：「打開電燈。」

Selina：「雖然目前房間是亮的，但腦袋裡電燈的開關我卻找不到。」

我：「靜下心，然後看清楚自己的想法。**『平靜』結合『觀察』是思想的光源。靜靜地觀察卻不給予念頭施加任何力量，讓它們來去自由。**」

Selina過了好一陣子後回應：「我平靜下來觀察到混亂的思緒，可是討厭自己的念頭卻去除不掉。」

我：「妳只是**接觸到了自己的情緒**，而這些情緒則是反映出某個人生習題。就好比手疼，疼痛只是反映發炎的部位，與其糾結疼痛，不如找出引起發炎的主因。」

Selina：「我找不到討厭自己的主因。」

我：「太聚焦情緒、渲染情緒，當然見不到引發的主因。」

Selina：「可以透露一點點？」

我：「愈跟他人比較，愈容易排斥他人又討厭自己。」

Selina：「我身邊有很多優秀的朋友，在職場上各個都比我風光，追求者更是不乏高富帥，其中最有成就的一位是我閨蜜。一年多前她創業有成，登上人生頂峰，自從那時候起，我刻意不跟她聯繫，臉書設定取消追蹤，減少出遊聚會接觸的頻率，因為每回看到那些光鮮亮麗了不起的成就，就讓我感到如坐針氈，相比之下更顯露出我有多平凡、多普通。這份友誼讓我愈來愈討厭自己，愈來愈不想接觸朋友。」

我：「**每個人的外在行為全都是內心思想的呈現**。有些讓我們相處愉快的人，反映出我們喜歡且接受內心的某個自我面向，而某些我們不喜歡的人，恰好反映出我們不接受內心的某部分自我。」

Selina：「聽小編這麼說來，我試圖逃避的不是閨蜜，而是迴避不喜歡自己的感受嗎？」

我：「沒錯！」

Selina拖了好一陣子後才回應：「她讓我感到自己太平凡、太普通。我總是迴避嫉妒情緒，只要感覺不舒服，就使出渾身解數能躲就躲。如小編所說，這些行為全是內心思想的呈現，只是我不想承認而已。」

我：「承認自己的問題確實需要極大勇氣，但通常這會是重新蛻變的起點。」

Selina：「我不知道自己為何變成這麼不堪。」

我：「愈和他人較量、比較，愈覺得自己一文不值；愈自我排斥、愈討厭自己，愈容不下別人的好。內心的空缺愈大，愈丟失思想的光源因而走向了灰暗。面對嫉妒情緒，讓我們看到了隱藏的自己。」

我：「安排在生命裡出現的人，存在冥冥中的注定與緣分。**不去排斥我們得不到的，而是給予欣賞和祝福，在真誠心念中將同樣獲得跟對方一樣的喜悅，甚至對未來預定了嶄新的可能。**」

Selina：「排斥讓我失去，欣賞讓我擁有。」

Selina：「我用平靜結合觀察發現，我排斥他人的部分，就是排斥自己缺乏的部分。」

我：「觀察得非常好！排斥，讓妳當下失去了快樂，相對也阻擋了未來；欣賞，讓妳當下得到了喜悅，相對也創造了未來。」

Selina：「我願意從排斥轉化成欣賞，可是心底還是卡卡的。」

我：「**勇敢承認我們正排斥著他人。現在開始重新帶著欣賞的眼光，欣賞自**

己的獨特，同樣欣賞他人身上的美好。願意『欣賞』自己、好好地『愛』自己、好好地『善待』自己，不安的情緒便會全數消失。」

Selina過了好一陣子才回應：「似乎不卡了，心情舒暢多了。」

我：「欣賞他人、認同他人，內心將擁有力量，才能以閒適的姿態去面對生命。愈是在獨處的環境裡，愈能夠發現，我們是一個很需要愛的人，或是一個有能力帶給別人愛的人。讓自己成為什麼，而不是排斥什麼。」

Selina：「深信自己有能力帶給他人愛與溫暖。」

我：「非常好，目前或許感到身心舒暢，但仍然有待妳持續練習。就像土壤裡播下了玫瑰的種子，還需要主人每日澆水勤加照料，來日才能綻放出美艷的花海。」

Selina：「明白！感謝小編大人熬夜加班，解除我長達半年來的困惑。」

我：「對自己好好的，對他人好好的，讓你、我、他都能一樣好。」

一個多月後，Selina傳來訊息：「報告小編，您的方法太絕妙，我終於從噩夢中清醒，擺脫失眠和離群索居的困擾，完全重獲新生，簡直太棒了！」

Selina：「排斥別人、愛比較、嫉妒的情緒一再提醒我，當時並沒有走在自己嚮往的道路上，反而愈走愈看到自己的不堪，愈走愈感受到世間的醜陋與險惡，走得愈遠心態愈偏激，讓我耗盡更大的力氣才拾回自己。」

欣賞你我的不同，生命因「愛」而完美

一旦內心匱乏，就容易去苛求這個世界，讓比較、嫉妒無所不在。為了迎合社會期待，我們總活在「好還要更好」的追逐與較量裡，有些人透過比較證明自己優於他人、擁有的多一點，藉此突顯自己的存在價值；也有些人愈比較愈讓自己感覺到不足，因為，永遠有比我們更優秀的人。拿比自己更好的人做比較，反覆看到自己的「不足」，只會愈來愈覺得自己是多麼平凡、多麼普通又多麼不堪，低人一等的感受油然而生，造成莫大的心理壓力。比較本身並沒有好壞對錯，具備自信的人可藉此衡量並且提升自我層次，但內心匱乏的人反而容易脫離客觀的比較，陷入挫折、嫉妒、厭惡、排斥的情緒裡無法自拔。

然而，任何負面情緒與挫折感都只是扮演一個「吹哨者」的角色，提醒我們轉向內心探尋累世的習題，它的到來是為了指引我們問題的方向，並非是要毀滅你、擺布你，因此並沒有必要企圖去消滅它。

能良性競爭的人，證明了自己「有能力」；愛嫉妒的人，彰顯了自己「無能為力」。

其實，我們毋須妄自菲薄，每個生命都存在不同的獨特之處，每個生命卻也存在唯一的共同點，就是沒有一個生命是完美的。

你可以帶著欣賞的眼光，欣賞自己的獨特，同樣欣賞他人身上的美好。當你擁有足夠的熱情，就能帶給他人溫暖；當你擁有了足夠的「愛」，便不存在優劣、高低、好壞的分別；當你活在愛裡，便可以祝福他人，包容他人，欣賞他人。雖然沒有人是完美的，但活在愛中的你會向內探尋到自己本身就是「完好」的，毫無缺陷的完好，散發著獨特光芒，即使外面的世界再黑暗或陰霾密布，你的心仍然可以恆久明亮，充滿著陽光，洋溢著希望。

在各種人情關係裡，因你我的不同而完美：在愛裡，即使我們分別是天空和海洋，雖然不一樣，卻都很耀眼。

再次相見，永遠記得你

遇見，是一個開始；離別，是為了下一次再見。

不記得了！忘記了！遺忘了某件事、某個人，在生活中總是不斷發生、上演著。人們在充滿侷限的大腦神經元裡，塞滿各式各樣的信息、習慣、記憶與認知，淡忘了某些事也不足為奇。然而，**你的經驗與認知極限，就是思想的邊際，但緣分，卻超越了你的思想邊際，跨越認知極限來到了你的面前。**注定，是由它開始，我們需要去經驗它，去體悟它，圓滿某個許久以前的承諾。

二〇一九年五月某個風和日麗的午後，一對母女帶著禮盒與親手製作的西洋花藝前來服務處。

見到了我，女孩難掩激動情緒，隨即熱淚盈眶頻頻道謝，母親則雙手合十後再誠摯地將盆花遞送給我。我仔細端詳，盆花花朵豐盈，透過巧思及插法應用，讓花卉顯現出獨有個性和嬌美姿態，艷麗色彩與錦簇花團融合無間，襯托出高貴又不失典雅的唯美氣質。

我說：「兩位請坐。我們應該素未謀面。」

女兒邊擦拭淚水邊回應說：「今生沒有，但前世絕對有。」

母親接著女兒的話解釋說：「紫嚴導師，請恕我女兒冒昧。事情是這樣的，前年初我們全家從美國加州搬回台灣，某個週末，女兒和朋友相約信義商圈，原本只是小女生們享受美食、添購服飾的聚會，卻在信義誠品書店茫茫書海中發生了不可思議的事。起初她們在誠品書店門口拍照打卡上傳IG，女兒想說既然來了就順道逛逛台灣的知名書店。走著走著腳步不由自主停在某區書架前，忽然間竟腿軟走不動，女兒當時覺得可能是逛了一整天腿痠，正想蹲下來舒緩一下，目光卻被一本書給吸引住，女兒描述當時一股莫名強烈的悸動湧上心頭，一個直覺告訴她起身拿書，沒想到才翻開作者簡介見到照片時，眼淚無法抑制像瀑布般傾瀉而下，舉動嚇壞了站在一旁陪她的姊妹淘，而這本書正是您的著作《緣來，我愛你》。」

女兒馬上補充說：「看到照片時我當場愣住，無法控制自己的淚水，腦海裡不斷出現感謝、下輩子再見的念頭，而且重複又再重複。」

母親說：「緣分來得恰到好處，現場陪伴她的好友，父親恰巧與導師您熟識二十多年，如今才有這個機緣前來拜訪。」

我說：「我們彼此間的緣分確實來自於前世。」

母親說：「為了此事，我特地請教多年前在美國皈依的佛教師父，他老人家說追本溯源我們前世受了您的恩惠，今生務必專程拜訪並當面致謝。」

我對這位母親說：「前世妳們的角色與今生相同仍是母女關係，由於女兒從小患有心臟及氣管疾病，需要長期服藥，我因此與妳們家結緣。」

母親驚訝地說：「也太巧合，我女兒這輩子也有氣喘和心律不整問題。」

女兒對母親說：「紫嚴導師前世是名中醫師。」

我說：「在現代社會，不少莘莘學子以當醫生為目標。不過中國古代的大夫社會地位略低，與現代截然不同。」

女兒說：「您前世救死扶傷，在地方上家喻戶曉，對窮人不收診療費又常有不畏艱辛的行善義舉，和其他大夫不同。」

我問：「妳所描述的這些，我並沒有寫在書裡，是如何得知的呢？」

女兒若有所思地說：「不知為何自從誠品大哭事件之後，我好像能憶起前世記憶的片段，某些景象常從我腦海閃過，有偏鄉義診煎藥、舊衣捐贈貧苦人家、施粥賑濟饑荒難民，印象最深刻的是一場民宅火災，眾人急忙取水救火。而這場火災甚至多次出現在我夢裡徘徊不去。」

我說：「很遺憾，這間民宅是妳前世的住所，因搬運工人用火不慎，導致房屋引發大火，慘遭無情祝融之災，全家賴以為生的貨品一夕間付之一炬，所幸無人傷亡。」

女兒問：「既然住宅遭受祝融肆虐，為何我又見到自己滿心歡喜地在一處三合院平房外雀躍不已呢？」

母親訝異地對女兒說：「妳中文什麼時候變得那麼優異？」

我說：「積善之家必有餘慶，三合院平房是以往一同發心行善的夥伴們發起募資為妳們家重建的。」

母親眉頭一舒說：「聽了導師的敘述，終於釋疑我們全家人今生都畏懼火源的始末。說出來不怕您笑，我們家沒有瓦斯爐，只有IH爐、電磁爐、電烤箱，先生嚴格禁止家中出現任何明火，連美國華人圈舉辦的中秋烤肉聚會都拒絕參加。」

我說：「每個人前世恐懼的陰影，或多或少會帶到今生進而影響日常生活，那是一種莫名沒來由的畏懼、道不出原因的感受。當這種不適的感覺再被觸動，很自然會以迴避做出回應，不過我們可以嘗試接受這股情緒波動，重新面對心底害怕的陰影。說穿了**『影子終究傷不了人』，當我們接受了，一旦透澈了，陰影自然煙消雲散，甚至能協助前世的自己，讓身在前世時空的自己擁有另一份強大的心念，去面對當時的那場災難。**」

女兒問：「今生的念頭轉變會影響前世？」

我答：「當然！」

女兒又問：「但過去不是已經不存在了？」

我說：「生物受到大腦迴路及五官的侷限，會誤以為過去式不復存在，更以為時間是以線性、前進的方式發展。其實，**現在、過去、未來看似是不同時空背景，可是部分堅定的心念卻是相通、相連，甚至在某些機緣下會產生交集。**好比，如果A先生現在與B小姐有著幸福圓滿的家庭，若把時間倒退回過往他們還只是朋友的時候，請問接下來會發生什麼？」

女兒機伶地說：「在不經意情況下擦出愛的火花，才有往後的成就幸福家庭。」

我再問：「假設A先生與B小姐現階段關係仍是好友，沒有所謂的幸福家庭這件事，那麼過程中是否有發生愛的火花？」

女兒答：「沒有。」

我說：「如今的狀態，牽動著過去朝向何處發展。」

女兒說：「我聽明白了，現在影響過去，未來影響現在。」緊接著繼續說：「為什麼我腦海常閃過一段古代畫面，是一處宅院外空地有不少人聚集，大夥兒臉上表情沮喪、神情憂傷，而我痛心欲絕又喃喃自語不斷道謝呢？」

我說：「事情始末是，妳們家三合院落成時間恰好在乾隆五十二年重陽，而我大約在同個時間離世。妳所見到的空地，正是我家宅院外的空間。」

女兒沉默一會兒後，再度潸然淚下說：「我就知道！來不及的道謝只能告別，許下承諾來世再見。我永遠記得您！」

母親跟著女兒紅了眼眶說：「紫嚴導師，雖然我無法回憶起前世發生的種種，不過，剛才初次見到您的第一眼，內心溢滿了感動。」

我說：「謝謝妳們特地為此事前來拜訪，當初我們彼此是地方上志同道合的公益夥伴，而我只是號召大眾發動募款、草擬重建計畫，並沒有多大的功勞。」

母親誠摯地說：「有恩情就是恩人，不論前世或今生都不能淡忘。」

我說：「令人感動的是，妳們家老爺延續這份樂善好施的精神，除了濟助貧困，更採買沙石修整偏僻道路，行善積德不勝枚舉造福村里。這種超越自我的無私付出與奉獻，以因果來說今生必然前程似錦。」

女兒破涕為笑說：「我爸爸今生人緣廣闊同樣樂善好施，事業稱得上順風順水。原來每個人今生都承襲著前世的習慣，也受到前世善惡因果的作用影響。」

我說：「妳前世篤定道謝的心念，預設了我們今生再次相遇的機緣，也就是過去亦能間接影響未來。」

此時，女兒眉頭深鎖問道：「我有個疑問，您與前世的樣貌應該不一樣，為什麼我見到作者簡介照片時，會產生強烈悸動湧上心頭又淚流不止？」

我回答：「如同剛才所說，我們的意識受到大腦與生存經驗的侷限，必然無法察覺其中淵源。不過神識超越了這些侷限範圍，可以用更高的姿態俯瞰生命，亦能在冥冥中引領妳走到書櫃前翻開書籍，串連起前世今生的情緒。這一切來自於妳過往許下的真誠諾言，讓跨時空成為了一場注定。」

女兒問：「意識與神識的關係是……？」

我說：「**神識好比蒙古大草原，意識則好比草原中的某一座蒙古包；或神識猶如整座玉山，意識只是玉山山林裡的一小片樹林。在時間上同樣如此，意識受到感官限制僅能見到當下，神識卻對從出生到死亡的所有一切瞭如指掌。**」

女兒說：「既然神識對所有一切瞭如指掌，又為何需要意識這個絆腳石呢？」

我說：「兩者的角色與功能不同。**雄偉的玉山，需要樹林顯現朝氣蓬勃；遼闊的蒙古草原，需要蒙古包彰顯生命力。神識又好比是編劇，意識好比是演員；劇本是冷冰冰刻板的文字，需要演員演繹出整部劇本的意境，揭示出整部劇本的精髓和哲理，成為妳千里迢迢來到今生的體悟。**」

女兒問：「是否就像我前世的承諾，用今生這場相遇顯現最初的心念？」

我點點頭回答：「對！透過意識演繹或去完成某個約定。」

女兒再問：「神識編寫今生的生命劇本，是否也把挫折寫進去了？」

我答：「當然，每個人生轉折都撰寫在裡頭。」

女兒疑惑地說：「這麼說來某些人生不好的注定，是否就無法迴避？」

我說：「問得非常好。人生，本來就會遇到許多挫折，也可以說沒挫折就沒有轉折，迴避了不好的注定未必是好事，正所謂『塞翁失馬，焉知非福』，老天不會給妳無法解決的課題，所有的挫折在人生旅途中，都是預定美好未來的撞擊。」

女兒說：「所以，正確面對挫折的心態，等同預定了未來的美好嗎？」

我說：「**當妳『懂得』對這件事開始『認真了』，勇敢付出、用心評估、檢視修正，承擔任何好壞結果，現在，便注定了未來的美好。**」

女兒提問：「如何讓人生活得更有意義？」

母親對女兒說：「傻孩子，認真過好每一天。」

我說：「媽媽說的沒錯，我們用什麼心態過一整天，就會用什麼態度過一輩子。但我們經常以為活得有意義，指的是要獲得更多的肯定、掌聲、自主性或滿足，想比他人更好、更優秀，屢屢追求這些欲望及榮耀沒有對錯，可惜的是反覆流連在『治標不治本』的『向外追尋』，汲汲營營等待著外界能給我們什麼、觸動我們什麼，無法自主。就像缺了一塊東西總需要向別人乞求商借，無法真正返還內心，無法專注演繹好自己的劇本，迷失了自我，迫使自己愈活愈覺得沒意義。」

女兒喜上眉梢點頭認同地說：「**自己擁有，就不需要對外乞求或商借，人生意義是全神專注在今天的每一個時刻。**」

我豎起大拇指讚賞說：「很有智慧！專注、安心地過好眼前的此刻。」

接著我說：「**所有的緣分，只是為了成就一場注定。**」

女兒欣喜地說：「我已經遇到了！」

我鼓勵她說：「無論如何，妳都要好好的。」

母親雙手合十說：「紫嚴導師，非常謝謝您！」

好好的小叮嚀

因緣不滅，有朝一日終再聚首

每回遇見，是一個開始；每回離別，只是為了下一次再見。

我們以為消逝的，其實都未曾消逝，只是用另一種形式被保存下來。前世的刻骨銘心，都會預埋下一個個伏筆，等待來世接續下去。無論經過多長的時間，這份「業」不曾失去它成熟的力量，當因緣來臨之際，沒有早一步，也沒有晚一步地以各種形式促成相逢與交集，打破空間及時間的侷限，銜接過往貫穿未來，花落了可以重開，錯過了仍可以重來。

許多人年紀愈長、歷經愈多愈相信緣分，甚至察覺到只要是與你相遇的人，注定帶給你某些人生體悟。緣分沒有早晚，既然來了就是剛剛好，不是偶然，也絕非意外。每個走進你世界裡的人，都有必須實踐的某項任務，有些人教會你成長，有些人教會你如何去愛，有些人會帶給你痛苦，有些人提升了你的見解，有些人讓你懂得了珍惜。有時，在不適合的時間點遇見對的人，他注定是來教會你遺憾的，也有些人雖然走遠了，卻依然深植在你的生命裡，相約繼續在來世體驗再次的相逢與分離。緣分它無聲無息地開始，又奇蹟般地結束，所有世事在冥冥之中，總有它的安排。

謝謝你，曾經來過！

時間，回到我十歲那年秋天的假日，那場特別的際遇。

趕路，像是我一出生後的宿命。父母親決議讀完國小六年級後便送我出國求學，毫無商榷的餘地。十歲的我被迫接受這項重大決定，離開熟悉的出生地、居住的城市、熟識的同學，前往陌生國度。被迫趕路，是小時候逃不了的宿命，就在心中的反抗和無助來到鼎沸頂點時，我無助地坐在家中客廳大聲呼喚，祈求著上天能憐憫我的哀傷。

空蕩蕩的客廳雖然沒有發生任何事，我的情緒卻在幾次吶喊後平復下來，原本急促的呼吸、炙熱的體溫也隨著心緒緩和逐漸回穩，皮膚上的汗珠迅速蒸散，全身變得乾爽，能感受到秋風吹拂帶來的涼意。此時，雙眼突然無法聚焦，眼前的景象左右分離，時而重疊時而分散，周遭環境的聲音也愈來愈遠，就像被移動到另一個完全無噪的空間裡。不一會兒，空氣中散發淡雅的原木香氣，剎那間身體無法動彈，此時我心裡並不驚慌，反而感到極度寧靜。

霎時，接近客廳天花板高度的上空，緩慢出現一團柔和又強烈的光暈，不斷向四周擴大蔓延，迸散出一道道金黃色、金紫色及銀白色的斑斕光束，同時伴隨著上百個小光點，忽上忽下飄浮，強光迅速照耀整個空間，讓眼前景象幾乎成了快要曝光過度的相片。不知經過多久，這片光暈的中心點出現了人形輪廓，乍看是一名男子向我走來。隨著他逐漸接近，輪廓也愈來愈清晰，只見男子頭部後方有著一圈圈同心圓交疊而成的七彩光環，而後，眼前站著一位面容慈祥、身穿現代唐裝，散發溫文爾雅氣質的老人。

我問：「你是……？」

老人持續微笑回應，並沒有回答。

我又說：「爸媽要我出國讀書，我不想，非常不想！」

老人帶著慈祥的神色說：「現實倘若無法逆轉，接受是最好的方法。」

當時我不太理解「接受」的意思，只是傻傻地注視著老人。見我不發一語，老人轉換神態，以堅定又安慰的語氣對我說：「未來，無論遭遇到什麼，你都要好好的！」

聽完老人說的話，當下湧現一陣莫名的感動，讓我頻頻點頭。老人沒等我回應，隨即伸出右手輕輕摸了我的頭示意鼓勵。之後，隨著光暈迅速凝縮成一個點瞬間消失後，老人也不見蹤影。

我回過神眨了眨眼，所見場景回到尚未發生事件前的客廳。反覆思索著剛才的經歷，是那麼真實而又細膩，忍不住捏了自己的臉好幾下，確定不是睡著更不是作夢。再皺了皺鼻子聞了聞，周遭的氣味仍微微帶有一絲原木香氣，內心不斷臆測：這位老人到底是何方神聖？雖然素昧平生，卻讓我感到一見如故且無比地熟悉親近。

他離開了，但那句「未來，無論遭遇到什麼，你都要好好的！」在腦海中縈繞不去，讓我揮別原本負面的抗拒不安，內心的糾結化成一縷雲煙，飛出九霄雲外，心中那些隨風飄蕩的斑駁枯葉，彷彿被遼闊天地給容納了，不再無依無靠。第一次領悟到：**發生任何事毋須和現實打仗，先懂得順應，才有能力改變未來**。這段神奇的經歷，引領我的身心從焦躁轉為平靜，學會了安置情緒的能力，懂得如何「與現實相處」。

當時，我深深喜歡上這種安定狀態，更能勇敢接受父母親要我出國求學的安排，不再畏懼任何高壓教育、環境改變帶來的逆境，即使仍然需要繼續趕路，也逐漸懂得欣賞人生沿途的各種景致。經過這次事件後，對於「未來」內心多了一份「篤定」，無論遭遇任何事情，我始終深信：**自己並不孤單，世間也沒有絕境，生命的一切冥冥中自有安排**。

每個人的生命歷程，不可能完全沒有創傷，人生，也不存在永遠的康莊大道，即使身處逆境之中，我們也不能輕易地心生絕望。老人所說的：「未來，無論遭遇到什麼，你都要好好的！」這句話陪伴我度過成長過程遭遇到的危機和挫折，在千鈞一髮之際，回想起這句話總能化險為夷，在跌跌撞撞、遍體鱗傷時，始終能發揮最強大的撫慰力量。

一炷心香洞府開，偃松皺澀半莓苔。
水清無底山如削，始有仙人騎鶴來。

——摘自唐代韓偓《仙山》

光陰荏苒，歲月如梭。轉眼間，昔日趕路的小孩如今長大了，過往的經驗仍歷歷在目，那是光陰為我鑲嵌的璀璨。

老人的身分，究竟是誰？

時間回到二〇一八年春天，與二〇〇〇年的自己重逢後隔日。早晨七點多，明亮的陽台內，一道溫暖的金色光線從玻璃透了進來，終於揮別先前一段陰雨綿綿的日子。我打開電鍋拿出蒸好的白饅頭，捧著一杯溫開水，走到服務處陽台邊推開了窗戶，一股新鮮而芳香的空氣撲面而來，伴隨著一縷縷金色陽光，暖暖地鋪灑在我肩上，猶如一條溫暖的圍巾。我用新奇的目光望向窗外，歷經過春雨的滋潤，窗台邊蘭花葉上一顆顆又圓又亮的小水珠，在陽光照耀下愈加光彩奪目，既像閃閃發光的寶石，又像晶瑩剔透的珍珠，幾隻鳥兒在對面校園旁的樹梢上清脆地鳴叫著，像是在讚頌雨過天晴的美好。雨後暖陽照映著巷弄景物顯得格外明亮，濕潤潤的風輕輕吹拂，讓人心曠神怡，所見景色彷彿是一幅淡雅的水墨畫，令人心動又陶醉，這是一個絢麗多彩的早晨。

邊欣賞窗台的景色邊搭配著早餐，此刻巷子裡沒有喧鬧的氣息，安靜地就像無雲的天空般晴朗平和，牽動著我的思緒回想起昨日誤打誤撞重遊二〇〇〇年，與過去的自己相遇。

回想至此，不自覺地微笑了起來，神祕老人的身分呼之欲出。我放下吃剩的饅頭和水杯，走進洗手間佇立在鏡子前，望著澄澄鏡面，從靜明瑩透的鏡子中見到了自己的樣貌。我和鏡中人對望了許久，眨了眨眼，一下側轉左臉、一下側轉右臉，仔細檢視著自己的五官。在時間的汪洋中，歲月，靜悄悄地將曾經的稚嫩給抹去，映出了成長的足跡，也映出了貌似神祕老人的神色，一樣的濃眉，一樣的鼻翼，一樣的烏瞳，一樣的五官輪廓，差別在於歲月洗鍊前後不同的神韻與氣度，相較於現在的我，對方是更具深厚歷練與智慧鎔鑄而成的儀態。十歲那場特別際遇中的神祕老人，真實身分正是「未來」的我。

謝謝你，曾經來過！如今的我，正朝向「未來的自己」大步邁進。而那句：「未來，無論遭遇到什麼，你都要好好的！」來自分別處於不同時空的自己，回到了過往，探視曾經受挫無助的自己。

雖然穿梭時空並不是多數人會遭遇的經歷，但或許你也曾有過類似的經驗，就在面臨挫敗、逆境，傷心欲絕到像是墜入無底深淵的同時，萬般苛責與悲痛會在某個剎那間戛然而止，還等不及你有所反應時，莫名地從腦海迸出自己的聲音。那不是恐懼或心神錯亂，不是檢討反省，不是天馬行空，而是冒出一句句「勉勵」的話語，一句句超越當下情緒的「肯定」，一句句溫暖備至的「安慰」。他平和得像是一位智者，正在寬慰著你，鼓舞著你。同時，可以清楚分辨你們不在同一個層次，而語氣卻是無比地清晰與懇切，更超越了你當時的智慧，別具洞見揭示著某個未來，讓你獲足勇氣堅持走下去，朝著美好的方向繼續前行。

我想說，那位智者不是別人，不是心理反射，不是某個思考機制，不是精神錯亂，也不是逆向思維，而是「你自己」，確確實實的你自己，一個已經跨越困境的自己，一個走過磕磕絆絆歷程的自己，一個篤定前行的自己，一個……一直站在未來等你的自己。

謝謝你，來過我的時空，給了我篤定前行的勇敢；謝謝你，給了我不負初心的堅持，繼續完成一切。而我的未來，也注定成為那般耀眼的你。

給摯愛的你——

美好的生活就是，好好吃飯，好好睡覺，好好工作，好好生氣，好好去愛，好好照顧自己，輕鬆且心無旁騖「安住」在這個此刻。

用心感受幸福，用愛渲染整個人生；你能好好的，他人、世界才會跟著好好的。

多希望你能成為自己心目中的巨人；未來，無論遭遇到什麼，你都要好好的！

而我，會一直在未來等你……

——紫嚴

2AF729

你要好好的

作　　者　紫嚴導師
文字協力　陳宜、張佩玉
插圖繪製　鄭小茜
攝　　影　林昭宏攝影工作室
設　　計　小美事設計侍物

責任編輯　温淑閔
主　　編　温淑閔
行銷企劃　辛政遠、楊惠潔
總 編 輯　姚蜀芸
副 社 長　黃錫鉉

總 經 理　吳濱伶
發 行 人　何飛鵬
出　　版　創意市集

發　　行　英屬蓋曼群島商家庭傳媒股份有限公司城邦分公司
歡迎光臨城邦讀書花園 網址：www.cite.com.tw

香港發行所　城邦（香港）出版集團有限公司
香港灣仔駱克道193號東超商業中心1樓
電話：(852) 25086231
傳真：(852) 25789337
E-mail：hkcite@biznetvigator.com

馬新發行所　城邦（馬新）出版集團 Cite (M) Sdn Bhd
41, Jalan Radin Anum, Bandar Baru Sri Petaling,
57000 Kuala Lumpur, Malaysia.
電話：(603) 90563833　傳真：(603) 90576622
E-mail：services@cite.my

展售門市　台北市民生東路二段141號7樓
印　　刷　凱林彩印股份有限公司
出版日期　2023年12月　初版21刷
定　　價　360元
ISBN 978-626-7149-39-3
Printed in Taiwan

客戶服務中心　10483台北市中山區民生東路二段141號B1
服務電話　(02)2500-7718~9
服務時間　週一至週五 9:30～18:00
24小時傳真專線　(02) 2500-1990~3
電子郵件　service@readingclub.com.tw

※ 詢問書籍問題前，請註明您所購買的書名及書號，以及在哪一頁有問題，以便我們能加快處理速度為您服務。※ 我們的回答範圍，恕僅限書籍本身問題及內容撰寫不清楚的地方，關於軟體、硬體本身的問題及衍生的操作狀況，請向原廠商洽詢處理。※ 廠商合作、作者投稿、讀者意見回饋，請至：FB粉絲團 · http://www.facebook.com/InnoFair　E-mail 信箱 · ifbook@hmg.com.tw

國家圖書館出版品預行編目（CIP）資料

你要好好的 / 紫嚴導師著. -- 初版. -- 臺北市：創意市集出版：家庭傳媒城邦分公司發行，2022.12
面；　公分 ISBN 978-626-7149-39-3(平裝) 1.CST: 人生哲學 2.CST: 生活指導
191.9　　111017489